Muttersprache *plus*

Arbeitsheft 5

Erarbeitet von

Bärbel Döring

Marion Gutzmann

Cordula Hagedorn

Pia Lödige

Iris Marko

Viola Oehme

Antje Pechau

Petra Schön

VOLK UND WISSEN

Zu diesem Arbeitsheft gibt es ein passendes **Schülerbuch** (ISBN 978-3-06-062985-5).

Redaktion: Dirk Held, Ottobrunn; Gabriella Wenzel
Bildrecherche: Angelika Wagener
Illustration: Cleo-Petra Kurze, Berlin; Christa Unzner, Berlin
Umschlaggestaltung: werkstatt für gebrauchsgrafik, Berlin
Umschlagillustration: Dorothee Mahnkopf, Diez a. d. Lahn
Layoutkonzept: Farnschläder & Mahlstedt, Hamburg
Technische Umsetzung: Ines Schiffel, Berlin; Klein & Halm Grafikdesign, Berlin

Autorinnen und Redaktion danken Bernd Skibitzki für wertvolle Anregungen und praktische Hinweise bei der Entwicklung des Manuskripts.

Quellenangaben:
Texte: 8 Funke, Cornelia: Der Bücherfresser. Aus: Cornelia Funke erzählt von Bücherfressern, Dachbodengespenstern und anderen Helden. Bindlach: Loewe, 2007. **25** Guggenmos, Josef: Ich male mir den Winter. Aus: Was denkt die Maus am Donnerstag? Weinheim: Beltz & Gelberg, 1969. **26** Sandburg, Carl: „Der Nebel" aus dem Originalwerk „Ein Reigen um die Welt". Autor: Carl Sandburg, Verlag: Random House Gruppe, Übersetzer: Hans Baumann, Erschj. 1965. Morgenstern, Christian: Nebel. Aus: Novembertag. Werke und Briefe, Band 2. Lyrik 1906–1914. Stuttgart, Verlag Urachhaus, 1992. **27** Hanisch, Hanna: Wenn die Nebelfrau kocht. Aus: Mücke 11/1981. Wiesbaden: Universum Verlagsanstalt, 1981. **28** Busch, Wilhelm: Immer wieder. Aus: Gedichte. Zürich: Diogenes, 2007. **29** Walser, Robert: Der Schnee. Aus: Das Gesamtwerk. Jochen Greven (Hg.). Frankfurt a.M.: Suhrkamp Verlag, 1972. **30** Klare, Margaret: Spinnen. Aus: In Wolle wickelt sich das Schaf. Wuppertal: Peter Hammer Verlag, 2003. **31** Mörike, Eduard: September-Morgen. Aus: Werke. München: Hanser Verlag, 1981. **32** Märchenausschnitte Brüder Grimm: Aus: Kinder- und Hausmärchen der Brüder Grimm. Band I und II. Berlin: Der Kinderbuchverlag, 1962. **33** Brüder Grimm: Mäusehaut. Aus: Rölleke, Heinz (Hg.): Die älteste Märchensammlung der Brüder Grimm. Synopse der handschriftlichen Urfassung von 1810 und der Erstdrucke von 1812. Cologny-Genève: Fondation M. Bodmer, 1975, S.107. **34** Brüder Grimm: Der alte Großvater und der Enkel. Aus: Kinder- und Hausmärchen der Brüder Grimm. Band I. Berlin: Der Kinderbuchverlag, 1962, S.317-319. **35** Märchenausschnitte H. Chr. Andersen: Aus: Gohrisch, Christa (Hg.): Hans Christian Andersen: Märchen und Geschichten. Eine Auswahl. Aus dem Dänischen von Eva-Maria Blühm. Leipzig: Verlag Philipp Reclam jun., 1971. **36** f. Ein Krug voller Ameisen. Aus: Josef Guter: Das große Buch der Zaubermärchen – Erlesene Märchen aus aller Welt. Wiesbaden: Marix Verlag GmbH, 2005. **37** Das kluge Mädchen und der Dieb. Aus: Orientalische Frauenmärchen. Frankfurt a.M.: Fischer Verlag. **41** Doktor Luther zu Wartburg. Aus: Heinz Rölleke: Das große deutsche Sagenbuch. Düsseldorf: Albatros Verlag, 2001, S. 521. **42** Pfeffel, Gottlieb Konrad: Der Igel. Aus: Deutsche Falbeln aus Tausend Jahren. München: Goldmann Verlag, 1998. **43** Hagedorn, Friedrich: Der Hahn und der Fuchs. Aus: Deutsche Tierfabeln des 18. Jahrhunderts. Berlin: Rütten & Loening, 1960. **46** Der Hund – das älteste Haustier des Menschen. Aus: Realschule Enger: Lernkompetenz I. Bausteine für eigenständiges Lernen. 5./6. Schuljahr. Berlin: Cornelsen Verlag Scriptor, 2007, S.144. **50** Eine Katze, die ... Aus: Realschule Enger: Lernkompetenz I. Bausteine für eigenständiges Lernen. 5./6. Schuljahr. Berlin: Cornelsen Verlag Scriptor, 2007, S.145. **79** Busch, Wilhelm: Plisch und Plum. Aus: W. B.: Doch die Käfer, kritze, kratze ... Berlin: Kinderbuchverlag, 1988, S.368. **80** Busch, Wilhelm: Die Affen. Aus: W. B.: Doch die Käfer, kritze, kratze ... Berlin: Kinderbuchverlag, 1988, S.367. **88** Haben Spinnen Ohren? Aus: Wissen macht Ah!, Nr. 8/2008, S. 6. **89** Der erste Cowboyhut. Aus: Düwel, Alice: Ach du meine Hüte! In: GEOlino. Das Erlebnisheft, Nr. 7 Juli 2008, S.38. **91** Unter den Säugetieren ... Nach: Realschule Enger: Lernkompetenz I. Bausteine für eigenständiges Lernen. 5./6. Schuljahr. Berlin: Cornelsen Verlag Scriptor, 2007, CD-ROM.
Fotos: 8 Cornelia Funke erzählt von Bücherfressern, Dachbodengespenstern und anderen Helden. Coverillustration von Sybille Hein. Loewe Verlag Bindlach, 2007 **12** Peter Thulke, Berlin **17** picture-alliance/dpa, Fankfurt am Main **20** picture-alliance/dpa, Fankfurt am Main **35** picture-alliance/KPA, Fankfurt am Main **49** picture-alliance/ZB, Fankfurt am Main **94** Juniors Bildarchiv, Ruhpolding **95** Arco Images, Lünen
fotolia.com: 15 Leonid Nyschko **50** Yulia Podlesnova **59** paul Prescott **67** Gipfelstürmer **71** hcdiver **88** Willi **91** Philip Date **93** javarman.

www.cornelsen.de

1. Auflage, 8. Druck 2025

Alle Drucke dieser Auflage sind inhaltlich unverändert und können im Unterricht nebeneinander verwendet werden.

© 2013 Cornelsen Schulverlage GmbH, Berlin
© 2017 Cornelsen Verlag GmbH, Mecklenburgische Str. 53, 14197 Berlin, E-Mail: service@cornelsen.de

Druck: Athesiadruck GmbH, Bozen

ISBN 978-3-06-062991-6

PEFC-zertifiziert
Dieses Produkt stammt aus nachhaltig bewirtschafteten Wäldern und kontrollierten Quellen
PEFC/18-31-166 www.pefc.de

Inhalt

Gespräche führen – eine Meinung vertreten

Wünsche äußern

❶ Tim und Simon sollen einen Würfel aus Pappe bauen. Sie haben aber beide ihr Bastelzeug zu Hause vergessen. Tim spricht Patricia an.

a Lies Tims mögliche Äußerungen und Patricias Antwort.

Tim:
1 „Würdest du wohl die Liebenswürdigkeit besitzen, mir einige deiner Gerätschaften zu borgen?" ☐

2 „Bleistift? Lineal?" ☐

3 „Patricia, kannst du uns bitte mal Bleistift und Lineal ausleihen? Du bekommst die Sachen gleich wieder." ☐

4 „Ich nehme mir die Sachen hier mit." ☐

Patricia: „Nee, die brauche ich gerade selber. Außerdem kannst du auch ein bisschen netter fragen! So habe ich gar keine Lust, dir die Sachen zu leihen!"

b Kreuze diejenige Äußerung an, die Tim wahrscheinlich benutzt hat.

c Verbinde die Nummer der Aussage mit der passenden Bewertung.

Aussage	Bewertung
1	freundlich und höflich
2	unverschämt und dreist
3	übertrieben und albern
4	unfreundlich und schroff

d Markiere die Aussage farbig, die Tim hätte benutzen sollen.

❷ Simon versucht ein wenig später, von Leon Schere und Klebestift zu bekommen. Im Gegensatz zu Tim ist er freundlich und höflich.

a Schreibe auf, was Simon zu Leon sagt.

_____

_____

b Schreibe Leons mögliche Antwort auf.

_____

_____

Meinungen äußern und begründen

> **!** Wenn du deine **Meinung äußerst**, solltest du deine Zustimmung oder Ablehnung deutlich formulieren. Bist du weder dafür noch dagegen, dann schlage eine Ausweichlösung oder eine Bedingung für deine Zustimmung (Kompromiss) vor.
>
> **Zustimmung:** *Ich bin dafür. Ich bin einverstanden. Das finde/meine ich auch. Ich bin deiner Meinung. Ich stimme dir zu. Das sehe ich auch so.*
>
> **Ablehnung:** *Ich bin dagegen. Damit bin ich nicht einverstanden. Das sehe ich anders. Das finde ich nicht. Ich bin anderer Meinung.*
>
> **Kompromiss:** *Ich weiß noch nicht, ob ich dafür/dagegen bin. Ich bin nur teilweise einverstanden. Ich bin unentschlossen. Die Sache hat zwei Seiten. Ich habe (noch) keine feste Meinung dazu.*

1 Im Internat Summerhill in England werden einmal in der Woche Streitigkeiten auf der Schulversammlung geschlichtet.

a Lies den folgenden Text über eine Diskussion auf der Schulversammlung.

Jim hatte die Pedale von Jacks Fahrrad abmontiert, weil seine eigenen kaputt waren und er am Wochenende auf eine Fahrradtour gehen wollte. Nach Prüfung der Beweismittel entschied die Schulversammlung, dass Jim die Pedale ersetzen muss und nicht auf seine Fahrradtour gehen darf. Der Vorsitzende
5 fragte: „Irgendwelche Einwände?"
Jim erhob sich und schrie: „Das ist unfair! Ich wusste nicht, dass Jack seine alte Klapperkiste überhaupt noch benutzt. Die liegt schon tagelang draußen herum. Ich gebe ihm gern seine Pedale zurück, aber ich finde es ungerecht, dass ich nicht an der Fahrradtour teilnehmen kann."

TIPP
Entscheide zuerst, ob jemand zustimmt, ablehnt oder einen Kompromiss vorschlägt. Suche dir dann eine passende Wendung aus.

b Lies die Aussagen der Schüler und vervollständige sie mit passenden Wendungen aus dem Merkkasten.

John: „*Das finde ich auch.* Jack war letzte Woche gar nicht hier, da konnte Jim ihn gar nicht fragen. Außerdem kriegst du doch schon seit Wochen kein Taschengeld mehr, Jim. Wovon kann er sich denn da neue Pedale kaufen?"

Sarah: „_____
Alle Räder stehen doch draußen, da kann ja jeder sagen: Lag da herum!"

Tom: „_____ Da könnte sich ja jeder einfach ein Fahrrad nehmen oder Teile abschrauben."

Harry: „_____ Das Fahrrad lag doch schon ewig da, so als gehöre es auf den Schrott und Jack wäre nur zu faul, es dahin zu bringen."

Jennifer: „_____

Die Strafe muss bleiben. Sich etwas einfach zu nehmen, ist Diebstahl!"

Ted: „_____ Jim hätte wenigstens Jack

fragen müssen, bevor er was abbaut. Oder ob er ihm sein Fahrrad leiht."

Dick: „_____

Jacks Fahrrad lag zwar wirklich so herum. Aber hätte Jim ihn nicht doch

vorher fragen müssen? Er hätte ihn ja anrufen können."

!

> Willst du jemanden von deiner Meinung überzeugen, dann musst du deine
> Sichtweise **begründen**. Bleibe sachlich und nenne Beispiele. Verwende
> Formulierungen wie:
> _Das finde ich gerecht/ungerecht, **weil** ..._
> _Ich bin derselben/anderer Meinung, **denn** ..._
> _Das ist (k)eine gute Lösung, **da** ..._

TIPP
Nutze die Formulierungen aus den Merkkästen.

2 Die Schulversammlung entschied am Ende, die Strafe aufzuheben und stattdessen Geld zu sammeln. Damit konnte Jim neue Pedale kaufen und mit den anderen Jungen auf die Fahrradtour gehen.
Was hältst du von der Entscheidung der Schulversammlung? Schreibe deine Meinung auf und begründe sie.

_____

_____

_____

_____

_____

_____

_____

_____

_____

Erzählen

Eine Geschichte nacherzählen

1 „Der Bücherfresser" ist eine Geschichte von Cornelia Funke.

a Lies den folgenden Ausschnitt aus der Geschichte.

Stens Großvater vererbte der Familie seine Bücher, die Decke,
auf der sein Hund immer gelegen hatte, und eine kleine Holz-
kiste, auf der stand: „Nur für Sten. Unbedingt heimlich öffnen."
Die Decke wollten Stens Eltern nicht, wegen der Hundehaare.

5 „Und all die Bücher!", stöhnte Mama. „Was sollen wir mit denen?"
„Verfeuern!", schlug Papa vor. Da guckte Sten ihn ganz streng
an und sagte: „Also, ich verfeuer deine Autozeitschriften
nicht, wenn du mal tot bist." Papa wurde rot wie ein Radies-
chen – und schleppte Opas Bücher auf den Dachboden.

10 23 steinschwere Umzugskartons. Danach musste er sich
erst mal aufs Sofa legen.
Sten aber schlich auf den Dachboden, packte alle Bücher aus
und stapelte sie zu Wänden. Ein paar Mal kippte alles zusammen, aber irgendwann war sie fertig, seine Bücherhöhle. Als

15 Dach nahm er die alte Decke und als Beleuchtung Papas Taschenlampe. Dann kroch er mit der „Unbedingt-heimlich-
öffnen"-Holzkiste hinein. Zwischen den Büchern roch es
nach Opa. Hundehaare rieselten von der Decke. Auf der Kiste
klebte ein Brief. „Hallo, Sten! Ich weiß, du magst keine Bücher. Hoffentlich

20 hast du meine trotzdem vor eurem Ofen gerettet. Für das, was in der Kiste
steckt, wirst du sie nämlich brauchen. Bis irgendwann in einem anderen
Leben, Opa." Sten wurde ganz kalt vor Traurigkeit.
Still war es auf dem Boden, nur der Regen prasselte aufs Dach. Sten fuhr sich
mit dem Ärmel über die Augen und riss das Paketband ab, mit dem die Kiste

25 zugeklebt war. Dann klappte er den Deckel auf. Auf einem Haufen Papier-
schnipsel lag ein pelziges Etwas. Ein bisschen wie ein Meerschwein sah es
aus. „'n Stofftier?", murmelte Sten. Aber als er nach dem Plüschding griff,
kreischte es los. Erschrocken ließ Sten es zurück in die Kiste fallen. Er
lauschte nach unten, aber seine Eltern schienen das Gekreisch nicht gehört

30 zu haben. Das Pelzschwein grunzte aufgeregt vor sich hin. „Reg dich ab, ich
tu dir nichts!", flüsterte Sten. „Ehrenwort."
„Gib mir ein Buch!", lispelte das Pelzschwein. „Ein knackig-knuspriges! Nein,
warte – ein flüstervoll-furchtbar-fantastisches, ja?" Sten zog vorsichtig
irgendein Buch aus der Höhlenwand. „Kaperfahrt nach Tortuga!", las er. Das

35 Pelzschwein beschnüffelte den Einband und nickte. „Hmm, ja, das riecht
abenteuerlich, trauerlustig, süß und sauer, ja!" Es biss in das Buch, als wäre
es ein Butterbrot.

b Lies die Geschichte ein zweites Mal und teile den Text in Abschnitte ein.
Ziehe unter jedem Abschnitt mit Bleistift einen Strich.

TIPP

Deine Stich-
punkte sollten die
zeitliche Reihen-
folge, den Ort der
Handlung, die
handelnden Per-
sonen und ihre
Gedanken und
Gefühle enthal-
ten.

c Notiere zu jedem Abschnitt die Zeilenzahlen und Stichpunkte zum Ablauf der Handlung.

Abschnitt	Zeilen	Ablauf der Handlung
1	1–9	– geheime Kiste = Stens Erbe vom Großvater – viele Bücher vom Großvater auf Dachboden
2	——	
3	——	
4	——	

TIPP

Lies den Text
nicht noch ein-
mal, denn dann
fallen dir keine
eigenen Sätze
mehr ein.

d Schreibe nun die ersten beiden Abschnitte der Geschichte so auf, wie du sie mithilfe deiner Stichpunkte in Erinnerung hast.

Eine Geschichte erfinden

> **!** Wenn du eine Geschichte erfinden möchtest, sammle zuerst Ideen. **Reizwortketten** oder **Bilder** können dir dabei helfen. Plane dann den Inhalt deiner Geschichte. Stelle dir dazu Fragen:
> 1. Wie beginnt die Geschichte?
>   (Wer? Was? Wo? Wann? Warum?)
> 2. Was geschieht in welcher Reihenfolge?
>   (Wer? Mit wem? Was? Wo? Wann? Warum? Wie? Was sind die Folgen?)
>
> Verfasse einen Entwurf deiner Geschichte, überarbeite ihn anschließend und schreibe die Endfassung.

1 Vom Rest der Geschichte hat der Bücherfresser nur ein paar Papierfetzen übrig gelassen.

Ideen für die Geschichte sammeln

a Lies die Wörter auf den Fetzen.

verkaufen

Taschenlampe

Bodenleiter knarrte

Bücher behalten

Großvater schlechte Augen

Erzähl

hinter Vater ein dicker Mann

angenagt

Dachboden

Nacht

ärgerlich

Bücher

b Notiere deine Ideen zur Fortsetzung der Geschichte in Stichpunkten.

_____

_____

_____

_____

_____

_____

_____

_____

Den Inhalt der Geschichte planen

c Überlege dir die Handlung deiner Geschichte genauer, indem du Antworten auf die folgenden Fragen notierst.

Worüber könnten Sten und der Bücherfresser sich unterhalten?

_____

Wer taucht wo auf?

_____

Was geschieht dann?

_____

Was sind die Folgen?

_____

2

Einen Entwurf schreiben

a Deine Geschichte beginnt, nachdem das „Pelzschwein" in das Buch gebissen hat. Formuliere die ersten beiden Sätze.

_____

_____

_____

! Durch **wörtliche Rede** wirkt eine Geschichte lebendig. Die Leser erfahren etwas über Wünsche, Meinungen und Ideen der Figuren.
Der Begleitsatz gibt Auskunft darüber, wie etwas gesagt wird:
„Leise!", <u>zischte</u> Sten. „Wenn wir geheim bleiben wollen," <u>flüsterte</u> er dann, „müssen wir leise sprechen."

WORTLISTE
murmelte
rief
brüllte
raunte
fragte
seufzte
grunzte
flötete
donnerte
polterte

b Schreibe eine Unterhaltung zwischen Sten und dem Bücherfresser auf. Benutze dazu deine Ideen aus Aufgabe 1 b und Verben aus der Wortliste.

_____

_____

_____

_____

c Formuliere einen passenden Schluss.

_____

_____

_____

_____

3 Sieh dir die folgende Bildgeschichte genau an.

Fragen beantworten

a Sammle Ideen, um mithilfe der Bilder eine Geschichte zu schreiben. Notiere dir dazu Antworten auf folgende Fragen.

Wer sind die Personen? Wie könnten sie heißen?

_____

Wo sind die Personen gerade?

_____

Was könnte der Sohn in Bild 1 sagen oder rufen?

_____

Was könnte die Mutter in Bild 1 sagen oder rufen?

_____

Was könnte die Mutter in Bild 2 sagen oder rufen?

_____

Was könnte zwischen Bild 2 und 3 passiert sein?

_____

Was könnte der Sohn in Bild 3 sagen?

_____

Einen Entwurf schreiben

b Formuliere für Bild 1 den Text deiner Geschichte aus.

_____

_____

_____

_____

_____

TIPP

Gestalte die Satz-
anfänge ab-
wechslungsreich,
z.B:

Plötzlich ...

Auf einmal ...

Danach ...

Schließlich ...

Endlich ...

! **Überarbeite** deinen Entwurf anschließend Schritt für Schritt.
- Überarbeite den Inhalt.
- Überprüfe die Wortwahl.
- Kontrolliere den Satzbau.
- Korrigiere die Rechtschreibung.
- Schreibe die Endfassung.

Den Entwurf überarbeiten

c Überarbeite deinen Entwurf schrittweise und schreibe eine Endfassung.

_____

_____

_____

_____

_____

_____

_____

_____

_____

_____

_____

 **d** Beende den Entwurf deiner Bücherfressergeschichte oder deiner Geschichte über Mutter und Sohn in deinem Heft. Überarbeite ihn nach einer längeren Pause und schreibe eine vollständige Endfassung.

Beschreiben

Einen Gegenstand beschreiben

> **!**
> Die **allgemeinen Merkmale** eines Gegenstandes werden meist klar, wenn du ihn korrekt und möglichst genau benennst, z.B.: *Mantel oder Jacke? Strick-, Jeans-, Trainings- oder Regenjacke? Turn-, Fußball- oder Winterschuhe?*
> Durch **besondere Merkmale** unterscheidet sich ein Gegenstand von den anderen seiner Art. Beschreibe sie möglichst genau:
> * **Größe**: *60 cm lang, Schuhgröße 37, armdick, fingerdick, Bleistiftlänge …*
> * **Form**: *würfelförmig, kugelrund, sechseckig, oval, länglich, schmal, breit …*
> * **Material**: *Baumwolle, Holz, Metall …*
> * **Farbe und Muster**: *himmelblau, blau-weiß kariert, bunt gestreift …*
> * **Besonderheiten**: *Knopf fehlt, Fleck, Aufnäher, Beschriftung …*

❶ In der Ringelnatz-Schule haben sich eine Menge Fundsachen angesammelt. Der Hausmeister hängt die Beschreibungen der Gegenstände aus.

a Sieh dir die Fundsachen genau an.

b Vervollständige den Aushang des Hausmeisters mithilfe der Wortliste.

WORTLISTE
weiß mit schwarzen Punkten – rote Bommel – Dinosaurier-Aufkleber – mit blau-weißen Fußballschuhen Gr. 37 – Mütze – rote Schnürsenkel – orange – grün – dunkelblau

Gegenstand	Farbe	Größe	Besondere Merkmale
Kapuzen-anorak	————	152	*gelber Reißverschluss, rote Bündchen*
————	schwarz	M	
Ringordner	————	A 4	
Turnbeutel	————	ca. 25 x 40 cm	*ein Henkel fast zerrissen,*

Über die Schreib-aufgabe nachdenken

2 Nina hat ihren Lieblingsschirm verloren. Ihre Mutter schlägt vor, den Schirm in einem Brief an die Großeltern ganz genau zu beschreiben, damit sie ihr zu Weihnachten einen neuen schenken können.

Den Brief planen

a Sammle Stichpunkte, die dir helfen, Ninas Schirm genau zu beschreiben.

> **TIPP**
> Lies noch einmal den Merkkasten auf der vorigen Seite.

Genaue Bezeichnung: _____

Größe: _____

Form: _____

Material: _____

Farbe: _____

Besonderheiten: _____

Einen Entwurf schreiben

b Schreibe Ninas Brief an die Großeltern. Erkläre darin ihr Anliegen und be-schreibe den Schirm genau. Die Wortliste in der Randspalte kann dir helfen.

> **WORTLISTE**
> weiß – bunte Herzchen – Stock-schirm – Plastik-griff – 70 cm lang

Liebe Oma, lieber Opa, _____

_____

_____

_____

_____

_____

_____

_____

_____

_____

_____

_____

_____

Ein Tier beschreiben

> **!**
> Wenn du ein Tier beschreibst, benenne zuerst die **Art** und möglichst die **Rasse** des Tieres, z.B: *Rauhaardackel, Wirbelmeerschweinchen, Kanarienvogel.*
> Gib möglichst anschaulich seine **körperlichen Merkmale** an: Größe, Körperform, die Form der Körperteile wie Ohren, Maul, Schnabel, Schwanz, die Farbe und Beschaffenheit des Fells, des Gefieders oder der Haut.
> Handelt es sich um ein entlaufenes Haustier? Dann gib auch seinen Namen, sein ungefähres Alter und auffällige Charaktereigenschaften an.

1 Minka, die Katze von Familie Müller, ist weg. Anna Müller möchte einen Steckbrief schreiben und überall in der Umgebung aushängen.

Die Tierbeschreibung planen

a Sammle Adjektive, die sich zur Beschreibung einer Katze eignen. Nutze dazu auch die Wortliste in der Randspalte.

Größe: _____

_____

Körperform: _____

_____

Fell: _____

_____

Farbe und Muster: _____

_____

Ohren: _____

_____

Schwanz: _____

WORTLISTE
wadenhoch –
getigert – spitz –
langhaarig –
beige – stumpf –
buschig – dick –
besonders groß –
schmal – weiß –
gefleckt – rund–
geringelt – kurz –
kurzbeinig –
dreieckig –
glänzend

b Lies Annas Notizen über Minka.

Minka, zwei Jahre, schon immer bei uns, dunkelbrauner Schwanz, feuchte Nase, blaue Augen, stolz, sehr eleganter Gang, braunes Gesicht, sehr weiches Bauchfell, mag keine laute Musik, frisst am liebsten Mamas kalten Gulasch, reinrassiger Siamese, liegt gerne unterm Schreibtisch, besonders schlank

c Markiere in Annas Notizen allgemeine Merkmale von Minka rot.

d Markiere die Notizen, die Minkas Aussehen beschreiben, gelb.

e Markiere die Angaben über Verhalten oder Charakter grün.

f Streiche alle Teile, die für einen Steckbrief unnütz sind.

2 Sieh dir Minka genau an.

Einen Entwurf schreiben

a Vervollständige nun den Steckbrief über Minka.

TIPP
Nutze deine Arbeitsergebnisse aus Aufgabe 1.

Suchen unsere Katze Minka, verschwunden am 29.08.

Rasse: _____

Alter: 2 Jahre _____

Geschlecht: weiblich _____

Aussehen: _____

_____

Größe: _____

Fell: _____

_____

Besondere Merkmale: blaue Augen (typisch bei Siamesen),

kleine Narbe am rechten Hinterbein,

Charakter: _____

_____

_____

Bitte melden unter Tel. 12 34 56.

Den Entwurf überarbeiten

b Überprüfe mithilfe des Merkkastens von Seite 16 den Inhalt des Steckbriefs auf Vollständigkeit. Ergänze noch fehlende Angaben.

c Lies den Steckbrief langsam durch und achte dabei auf korrekte Schreibweisen. Korrigiere Fehler.

d Gestalte Minkas Steckbrief als Aushang.

Einen Weg beschreiben

! In einer **Wegbeschreibung** musst du Straßennamen, Richtungen und Entfernungen in der richtigen Reihenfolge angeben. Besonderheiten auf der Strecke wie auffällige Gebäude, Denkmäler oder große Schilder solltest du als **Orientierungspunkte** nennen.
Formuliere kurze Aufforderungssätze und füge möglichst einen Stadtplan oder eine **Skizze** bei.

❶ Bens Patentante möchte am „Tag der offenen Tür" seine neue Schule besichtigen. Ben beschreibt ihr den Fußweg von der S-Bahn zur Schule.

a Sieh dir den Weg (blaue Linie) auf der Skizze genau an.

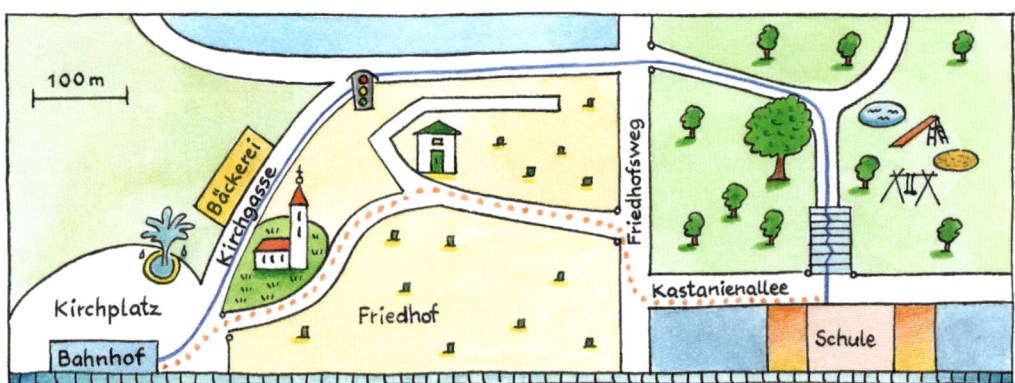

b Ergänze Bens Wegbeschreibung mit den Richtungs- und Entfernungsangaben sowie den Angaben zur Orientierung.

hinunter – gegenüber – zwischen – rechts – Spielplatz – zehn Minuten – rechts – nach 250 Metern – Bäckerei – Treppe – Brunnen – auf der anderen Seite – rechts

Gehe vom Bahnhofsausgang „Kirchplatz" _____ am

_____ vorbei auf die Kirche zu. _____ Kirche

und _____ gehst du die Kirchgasse entlang. Biege an der

Ampel _____ ab. _____ musst du den

Friedhofsweg überqueren und _____ in den

Kastanienpark gehen, dann den Hauptweg entlang bis zur großen Kastanie.

Biege _____ ab und laufe am _____ vorbei zur _____.

Gehe _____ durch das Parktor auf die Kastanienallee.

_____ steht ein rotes Backsteingebäude: Meine Schule! Du brauchst

etwa _____. Es gibt aber auch eine Abkürzung: ...

2 Verfasse eine Wegbeschreibung für die Abkürzung (rot gepunktete Linie in der Skizze auf S. 18).

**Eine Weg-
beschreibung
planen**

a Sieh dir die Abkürzungsstrecke genau an und sammle dann Richtungs-, Orts- und Entfernungsangaben, die du für die Wegbeschreibung brauchst. Bei einem Richtungswechsel gib immer einen Orientierungspunkt an.

Richtung: _____

Orientierungspunkte: _____

_____

Entfernung: _____

**Einen Entwurf
schreiben**

b Beschreibe nun den Abkürzungsweg in ganzen Sätzen.

_____

_____

_____

_____

_____

_____

_____

_____

_____

**Den Entwurf
überarbeiten**

c Überprüfe deinen Text mithilfe der folgenden Fragen. Kreuze an.

	ja	nein
1 Ist die Reihenfolge deiner Angaben richtig?	☐	☐
2 Sind deine Richtungsangaben korrekt?	☐	☐
3 Musst du noch weitere Orientierungspunkte nennen?	☐	☐
4 Stimmen die Entfernungsangaben? (Miss auf der Skizze nach und korrigiere, falls nötig, deine Meter-Angaben.)	☐	☐

d Korrigiere deinen Text und schreibe die Endfassung in dein Heft.

Berichten

> **!** Ein **Bericht** informiert möglichst knapp, sachlich und in der richtigen Reihen-
> folge über ein Ereignis. Je nach Zweck, Anlass und Leser entscheidest du,
> welche Informationen für den Bericht wichtig sind.
> Er ist **meist im Präteritum** geschrieben und enthält keine wörtliche Rede.
> In den meisten Berichten werden folgende **W-Fragen** beantwortet:
> - **Was** geschah **wann** und **wo**?
> - **Wer** war beteiligt?
> - **Warum** geschah es?
> - **Welche Folgen** ergaben sich?

a Lies den folgenden Zeitungsbericht.

> *Zoo plant Umbaumaßnahmen zum Schutz der Tierbabys*
> Die Direktorin des örtlichen Zoos kündigte gestern an, einige der Frei-
> gehege umgestalten zu lassen. Es sollen Gefahrenquellen für die zahl-
> reichen Tierjungen beseitigt werden, die innerhalb des letzten Jahres
> geboren wurden. Nach Angaben der Direktorin verletzten sich allein
> 5 im Laufe dieses Jahres fünf Tierjunge in den Gehegen, zuletzt stürzte
> ein Bärenjunges in den Graben zwischen Freigelände und Besucher-
> mauer und brach sich ein Hinterbein. Die Freigehege wurden vor allem
> für die Bedürfnisse und Fähigkeiten der erwachsenen Tiere gebaut.
> In Zukunft sollen die Gehege aber auch für die Tierbabys ein sicherer
> 10 Aufenthaltsort sein.

b Schreibe die Antworten auf die folgenden W-Fragen auf.

1 Was geschah?   **4** Wer war beteiligt?
2 Wann geschah es?   **5** Warum geschah es?
3 Wo geschah es?   **6** Welche Folgen ergaben sich?

_____

_____

_____

_____

_____

_____

2 Jana hat gesehen, wie das Bärenjunge im Zoo verunglückte. Sie möchte über ihr Erlebnis im Tierpark in der Schülerzeitung berichten.

Über die Aufgabe nachdenken

a Beantworte die folgenden Fragen.

1 Warum möchte Jana den Bericht schreiben?

_____

2 An wen richtet sie sich mit ihrem Bericht?

_____

b Sieh dir die Bildfolge genau an.

Einen Bericht planen

c Notiere dir Antworten auf die folgenden W-Fragen zur Vorbereitung für Janas Erlebnisbericht. Nutze dazu die Informationen aus der Bildfolge und die Stichwortliste.

> Kassiererin – letzten Sonntag gegen 15 Uhr – Oma, ich und andere Zoobesucher als Zeugen – kam nicht aus dem Graben heraus – außer Atem – Unfall gemeldet – Graben nicht gesichert – Besuch beim „Patienten" – Tierärztin – 2 Tierpfleger mit Fangnetz – Beruhigungsspritze – Gipsbein

1 Was geschah?   **4** Wer war beteiligt?
2 Wann geschah es?   **5** Warum geschah es?
3 Wo geschah es?   **6** Welche Folgen ergaben sich?

_____

_____

_____

_____

_____

_____

_____

_____

Einen Entwurf schreiben

d Schreibe nun einen Bericht über die Ereignisse auf den ersten drei Bildern in dein Heft. Nutze deine Vorarbeiten aus Aufgabe 2 a bis c. Lass einen breiten Rand für Korrekturen frei.

Den Entwurf überarbeiten

3 Lege eine längere Pause ein und überarbeite danach deinen Entwurf.

a Lies deinen Text noch einmal und kennzeichne alles, was geändert werden sollte. Achte auf die Verwendung der richtigen Zeitformen und vermeide Wortwiederholungen, besonders am Satzanfang.

TIPP
Nutze den Rand für Korrekturzeichen und Verbesserungsvorschläge.

b Prüfe, ob dein Text die richtigen Informationen über den Unfall im Zoo enthält und ob er den Lesern einer Schülerzeitung gefallen würde. Notiere am Rand, was ergänzt werden könnte. Streiche Überflüssiges.

c Schreibe die überarbeitete Fassung in dein Heft.

Mitteilungen verfassen

Eine Karte schreiben

! Beim Schreiben von Karten solltest du einigen **Regeln** folgen:
- Rechts oben stehen Ort und Datum.
- Auf der ersten Zeile links oben steht eine passende Anrede mit Komma, z.B.:
  Liebe Oma, Liebe Fußballfreunde, Hallo, ...,
- Beachte die Schreibung der Anredewörter.
- An den Schluss deiner Karte setzt du eine passende Grußformel, z.B.:
  Viele Grüße von Kevin; Bis bald, eure Eva; Mit herzlichem Gruß, Ihre Marie
- Auf einer Postkarte trägst du auf der rechten Kartenseite die vollständige Postadresse des Empfängers/der Empfängerin ein: Name, Straße und Hausnummer, Postleitzahl und Ort.
- Schreibe sauber und leserlich, damit der Empfänger deinen Text lesen und der Postbote die Adresse erkennen kann.

1 Stelle dir vor, dass du am Urlaubsort deiner Träume bist. Schreibe von dort eine Postkarte.

a Überlege, wem du schreiben möchtest. Fülle das Adressfeld vollständig aus.

b Notiere dir einige Stichpunkte zum Traumurlaub und deinen Erlebnissen.

_____

_____

TIPP
Bastle dir eine Postkarte. Male ein Bild oder beklebe sie mit einem Motiv, das zu deinem Traumurlaub passt.

c Schreibe nun den Text deiner Urlaubskarte.

Eine E-Mail schreiben

> **!** Wenn du eine E-Mail schreiben möchtest, trägst du in das **Adressfeld** die E-Mail-Adresse des Empfängers ein. In der **Betreffzeile** gibst du mit einem oder wenigen Stichworten an, worum es in der Mail geht. In das **Textfeld** schreibst du deine Nachricht. Sie enthält die gleichen Elemente wie ein Brief: Anrede mit Gruß-formel, Inhalt der Nachricht, Abschiedsformel mit deinem Namen. Prüfe alles noch einmal und klicke dann auf „Senden".
> Achte bei Satzbau, Rechtschreibung und Gestaltung deiner Mail auf Korrektheit.

❶ Lena will sich mit ihrer Freundin Marie per E-Mail zum Kino verabreden.

WORTLISTE
Süßigkeiten mitbringen – Kino am Samstag – Marie.Meissner@netz.de – Harry Potter 5 – 15:30 Uhr – Eingang Saal 1

a Schreibe ihre Mail an Marie. Nutze dazu die Wortgruppen aus der Wortliste.

Von:	Lena.Richter@mail.de
An:	
Betreff:	

_____

_____

_____

_____

b Marie hat den Film schon gesehen. Sie schlägt vor, bei sich zu Hause einen Videoabend zu veranstalten. Schreibe Maries Antwortmail an Lena.

Von:	
An:	
Betreff:	

_____

_____

_____

_____

Mit Gedichten umgehen

Ein Gedicht illustrieren

Josef Guggenmos
Ich male mir den Winter

Ich male ein Bild,
ein schönes Bild,
ich male mir den Winter.
Weiß ist das Land,
5 schwarz ist der Baum,
grau ist der Himmel dahinter.

Sonst ist da nichts,
da ist nirgends was,
da ist weit und breit nichts zu sehen.
10 Nur auf dem Baum,
auf dem schwarzen Baum,
hocken zwei schwarze Krähen.

Aber die Krähen,
was tun die zwei,
15 was tun die zwei auf den Zweigen?
Sie sitzen dort
und fliegen nicht fort.
Sie frieren nur und schweigen.

Wer mein Bild besieht,
20 wie's da im Winter ist,
wird den Winter durch
und durch spüren.
Der zieht einen dicken Pullover an
vor lauter Zittern und Frieren.

❶ Stelle dir vor, was der Dichter in
seinem Gedicht erzählen will.
Wähle eine Strophe aus, zu der du
ein Bild malen möchtest.

●●● **❷** Lies die Strophe noch einmal.
Markiere die Wörter, die du als Bild
sehen kannst.

❸ Male das Bild zu der Strophe.
Lies noch einmal genau nach, ob du alles gezeichnet hast.

Gedichte vergleichen

> **!** Um Gedichte zu vergleichen, untersucht man sie genau und findet Gemeinsamkeiten und Unterschiede heraus. Man betrachtet z. B. das Thema, die Grundstimmung, die Strophen, Verse und Reime und die sprachlichen Bilder.

❶ Vergleiche die Gedichte auf diesen beiden Seiten. Lies zunächst die Überschriften der Gedichte. Um welches Thema geht es in allen Gedichten?

❷ Lies nun jedes Gedicht genau.
Bewerte jedes Gedicht mit einem Smiley und kreuze an.

☺ Das Gedicht finde ich toll.

😐 Na ja.

☹ Das Gedicht gefällt mir nicht.

1

Volksgut
Nebel

Nebel, Nebel, Niebel,
schwing dich auf den Giebel,
schwing dich auf zur Himmelstür,
lass die liebe Sonn' herfür!

☺ 😐 ☹

2

Carl Sandburg
Der Nebel

Der Nebel kommt
auf Katzenpfötchen.
Er sitzt und schaut
über Hafen und Stadt,
5 hebt sich still
und geht wieder weg.

☺ 😐 ☹

3

Christian Morgenstern
Nebel

Nebel hängt wie Rauch ums Haus,
Drängt die Welt nach innen;
Ohne Not geht niemand aus,
alles fällt in Sinnen.

5 Leiser wird die Hand, der Mund,
stiller die Gebärde.
Heimlich, wie auf Meeresgrund,
träumen Mensch und Erde.

☺ 😐 ☹

4

Hanna Hanisch
Wenn die Nebelfrau kocht

Wer hockt hinterm Berge,
verhutzelt und grau?
Die alte Hexe,
die Nebelfrau.

5 Sie schöpft aus der Pfütze,
kocht graudicke Grütze.
Mischt Wasser mit Luft,
mengt Sonne mit Tau.
Das gibt eine Suppe!
10 Das gibt ein Gebrau!

Ein Löffel Warm,
zwei Handvoll Kalt –
schon brodelt's am Berge.
Schon dampft es im Wald.

15 Eine Prise Wind,
halb kalt, halb lau. –
Hihi, so schmeckt es
der Nebelfrau.

Die Grütze blubbert,
20 steigt über den Rand.
Hu, was für ein Nebel!
Verschwunden das
Land.

❸ Welches Gedicht hat dir besonders gut gefallen? Hast du ein Lieblings-
gedicht? Rahme es ein. Schreibe in dein Heft, warum es dir gefällt.

●●● **❹** Untersuche die Gedichte. Kreuze in der Tabelle entsprechend an.

	Text 1	Text 2	Text 3	Text 4
Das Gedicht hat eine Überschrift.				
Das Gedicht besteht aus mehreren Strophen.				
Im Gedicht reimen sich einige Verse.				
Im Gedicht wird der Nebel als Person/Lebewesen dargestellt.				

Ein Gedicht in Form bringen

TIPP
Das Gedicht
besteht aus drei
Strophen mit je
vier Zeilen
(Versen).

Wilhelm Busch
Immer wieder

Der Winter ging, der Sommer kam. Er bringt aufs Neue wieder den vielbe-
liebten Wunderkram der Blumen und der Lieder. Wie das so wechselt Jahr
um Jahr, betracht' ich fast mit Sorgen. Was lebte, starb, was ist, es war, und
heute wird zu morgen. Stets muss die Bildnerin Natur den alten Ton
5 benützen in Haus und Garten, Wald und Flur zu ihren neuen Skizzen.

1 Schreibe den Text wie ein Gedicht auf. Teile ihn zunächst durch Striche
in drei Strophen ein. Unterstreiche dann die Reimwörter.
Schreibe nun das Gedicht in Strophen auf.

<u>Wilhelm Busch</u>

<u>*Immer wieder*</u>

1

2

3

Den Aufbau eines Gedichtes untersuchen

TIPP
Diese drei Reimformen kennst du schon:

Paarreim:
a a b b.

Kreuzreim:
a b a b.

Umarmender Reim:
a b b a.

Robert Walser
Der Schnee

Der Schnee fällt nicht <u>hinauf</u>,   *a*

sondern nimmt seinen <u>Lauf</u>   *a*

hinab und bleibt hier <u>liegen</u>,   *b*

noch nie ist er <u>gestiegen</u>.   _____

5 Er ist in jeder Weise   _____

in seinem Wesen leise,   _____

von Lautheit nicht die kleinste Spur.   _____

Glichest doch du ihm nur.   _____

Das Ruhen und das Warten   _____

10 sind seiner üb'raus zarten   _____

Eigenheit eigen,   _____

er lebt im Sichhinunterneigen.   _____

Nie kehrt er dorthin je zurück,   _____

von wo er niederfiel,   _____

15 er geht nicht, hat kein Ziel,   _____

das Stillsein ist sein Glück.   _____

1 Bestimme die Anzahl der Strophen.

Dieses Gedicht ist in   *Strophen gegliedert.*

2 Untersuche, wie sich das Gedicht reimt. Lies dazu das Wort am Ende jeder Zeile. Suche dann das Reimwort. Unterstreiche beide Reimwörter unterschiedlich. Schreibe für gleiche Reimwörter den gleichen Buchstaben rechts neben das Gedicht.

3 Bestimme für jede Strophe die Reimform. Der Tipp hilft dir dabei.

Strophe 1: _____

Strophe 2: _____

_____

_____

Ein Gedicht vortragen

Margaret Klare
Spinnen

Bei seinem Netz im Baum, _____
so fein, man sieht es kaum, _____
sitzt still ein Spinnerich _____
und staunt und wundert sich: _____
5 Da wickelt sich ein Räuplein klein _____
in seinen eignen Faden ein. _____
Was machst du?, fragt der Spinnerich. _____
Du siehst doch: Ich verpuppe mich. _____
Du spinnst dich selber ein? _____
10 Das kann doch wohl nicht sein! _____
Ich warte auf die andern, _____
dass sie ins Netz mir wandern. _____
Und wenn sie lang genug gesessen, _____
dann werden sie bald aufgefressen. _____
15 Ach, sagt die Raupe froh, _____
bei mir ist das nicht so. _____
Ich brauche meine Seide _____
zu einem neuen Kleide. _____
Du hast sie wohl nicht alle! _____
20 Gehst in die eigne Falle! _____
O nein, ich bleibe darin kleben _____
und warte auf ein neues Leben. _____
Was soll das heißen, dummes Ding? _____
Es heißt: Ich werd' ein Schmetterling! _____
25 Die Spinne fällt vor lauter Schreck _____
vom Baum und auch ihr Netz ist weg. _____
Am seidnen Faden hängt ihr Leben. _____
Die Raupe denkt: So ist das eben! _____

❶ Lies das Gedicht genau durch. Welche Zeilen stehen in wörtlicher Rede? Welche Zeilen werden erzählt?

❷ Markiere die Sprechzeilen farbig (für Spinnerich blau, für Räuplein rot und die Erzählerzeilen gelb).

 ❸ Wie sprechen der Spinnerich und das Räuplein jeweils? Notiere dir dazu Anmerkungen. Die Wortliste neben dem Gedicht hilft dir dabei.

Ein Gedicht auswendig lernen

1 So kannst du in drei Schritten ein Gedicht auswendig lernen:

Schritt 1: Lies zuerst das vollständige Gedicht halblaut für dich. Decke den Text dann ab.

Schritt 2: Lies jetzt den Lückentext Nr. 1 und ergänze die fehlenden Wörter. Wenn du nicht weiterweißt, lies noch einmal im Gedicht nach.

Schritt 3: Arbeite so mit allen Lückentexten.

Eduard Mörike
September-Morgen

Im Nebel ruhet noch die Welt,

Noch träumen Wald und Wiesen:

Bald siehst du, wenn der Schleier fällt,

Den blauen Himmel unverstellt,

5 Herbstkräftig die gedämpfte Welt

In warmem Golde fließen.

---

1 *Eduard Mörike*
September-Morgen

_____ Nebel ruhet noch die _____ ,

Noch träumen Wald und _____ :

Bald siehst du, wenn _____ Schleier fällt,

Den blauen _____ unverstellt,

5 Herbstkräftig die gedämpfte _____

In warmem Golde fließen.

---

2 *Eduard Mörike*
September-Morgen

Im _____ ruhet noch die Welt,

_____ träumen Wald und Wiesen:

_____ siehst du, wenn der _____ fällt,

Den blauen Himmel _____ ,

5 Herbstkräftig die gedämpfte Welt

_____ warmem Golde fließen.

---

3 *Eduard Mörike*
September-Morgen

Im Nebel _____ noch die Welt,

Noch _____ Wald und Wiesen:

Bald _____ du, wenn der Schleier _____ ,

Den blauen Himmel unverstellt,

5 _____ die gedämpfte Welt

In _____ Golde fließen.

---

4 *Eduard Mörike*
September-Morgen

Im Nebel ruhet _____ die Welt,

Noch träumen _____ und Wiesen:

Bald siehst _____ , wenn der Schleier fällt,

_____ blauen Himmel unverstellt,

5 Herbstkräftig _____ gedämpfte Welt

In warmem _____ fließen.

---

5 *Eduard Mörike*
September-Morgen

Im Nebel ruhet noch _____ Welt,

Noch träumen Wald _____ Wiesen:

Bald siehst du, _____ der Schleier fällt,

Den _____ Himmel unverstellt,

5 Herbstkräftig die _____ Welt

In warmem Golde _____ .

Märchen lesen und verstehen

Volks- und Kunstmärchen lesen und verstehen

Volksmärchen sind an den folgenden **Merkmalen** zu erkennen:
- gleicher oder ähnlicher Beginn, z.B.: *Es war einmal ...*
- gleicher oder ähnlicher Schluss, z.B.: *Und wenn sie nicht gestorben sind, so leben sie noch heute.*
- Gegensatzpaare, z.B.: *gut – böse, schön – hässlich*
- magische Zahlen, z.B.: *drei Wünsche, sieben Zwerge, zwölf Schwäne*
- Fantasiewesen, z.B.: *Drachen, Feen, Zauberer*
- wiederkehrende Sprüche, z.B.: *Spieglein, Spieglein an der Wand ...*
- Verwandlungen, Zaubereien
- meist siegt das Gute über das Böse

Kunstmärchen wurden von Dichtern geschrieben. Sie weisen ähnliche Merkmale wie die Volksmärchen auf, enden aber nicht immer glücklich und sind meist sprachlich anspruchsvoller.

❶ Lies die folgenden Textauszüge und schreibe die Märchen auf, aus denen sie entnommen sind.

A „Königstochter, jüngste, mach mir auf,
weißt du nicht, was gestern du zu mir gesagt
bei dem kühlen Brunnenwasser?
Königstochter, jüngste, mach mir auf."

_____

B „... die guten ins Töpfchen,
die schlechten ins Kröpfchen."

_____

C „Spieglein, Spieglein an der Wand,
wer ist die Schönste im ganzen Land?"

_____

D „Knusper, knusper, Knäuschen,
wer knuspert an meinem Häuschen?" ...
„Der Wind, der Wind,
das himmlische Kind."

_____

E „Kikeriki
unsere goldene Jungfrau ist
wieder hie."

_____

❷

a Lies das folgende Märchen der Brüder Grimm.

Prinzessin Mäusehaut

Es war einmal ein König, der hatte drei Töchter, der wollte wissen, welche
ihn am meisten liebte. Da sagte die älteste, sie habe ihn lieber als das ganze
Königreich, die zweite hielt ihn höher als alle Edelgesteine und Perlen in der
Welt, die dritte sprach, sie liebe ihn mehr als das Salz. Da ward der König er-
5 zürnt, dass sie ihre Liebe mit einer so geringfügigen Sache vergleiche, und
übergab sie einem Diener, der sollte sie in den Wald führen und töten. Aber
der Diener wollte eine so schöne Prinzessin nicht ermorden, und sie bat ihn,
er möge ihr nur ein Kleid von Mäusehaut verschaffen, so wolle sie sich
schon retten. Das brachte ihr der Diener auch hinaus, und sie wickelte sich
10 hinein und verkleidete sich in einen Mann. So ging sie zum benachbarten
König und wurde Diener bei ihm. Alle Abend musste sie ihm die Stiefel aus-
ziehn, die warf er ihr um den Kopf. Einmal fragte er, woher sie sei, da antwortete sie: „Aus dem Lande, wo man die Stiefel nicht um den Kopf wirft."

Der König wurde da aufmerksam, endlich brachten ihm die an-
15 dern Diener einen Ring; Mäusehaut habe ihn verloren, der sei
zu kostbar, den müsse er gestohlen haben. Der König ließ Mäusehaut vor sich kommen und fragte, woher der Ring sei. Da wickelte sie ihr Kleid von sich, ihre goldenen Haare quollen her-
vor und ihre große Schönheit blendete den König. Und er trat zu
20 ihr und setzte ihr die Krone aufs Haupt und sie wurde seine Ge-
mahlin. Am Hochzeitstag wurde ihr Vater gebeten, der aber
seine Tochter nicht erkannte. An der Tafel waren alle Speisen,
die ihm vorgesetzt wurden, ungesalzen, sodass er unwillig
wurde und sprach, er wolle lieber nicht leben, als solche Speise
25 essen. Da trat die Königin auf, entdeckte sich ihm und erinnerte
ihn an ihre Worte.

b Untersuche das Märchen. Findest du Beispiele für typische Märchenmerkmale? Trage die Textbeispiele in die rechte Spalte ein (mit Zeilenzahl).

Merkmale der Märchen	Beispiele aus dem Text
gleicher oder ähnlicher Beginn	_____
Gegensatzpaare wie schön – hässlich, gut – böse, arm – reich	_____
magische Zahlen	_____
Verwandlungen, Verkleidungen	_____
Alles wendet sich zum Guten.	_____

 **3** Untersuche das folgende Märchen der Brüder Grimm.

a Markiere die Märchenmerkmale im Text.

Der alte Großvater und der Enkel

Es war einmal ein steinalter Mann, dem waren die Augen trüb geworden, die Ohren taub und die Knie zitterten ihm. Wenn er nun bei Tische saß und den Löffel kaum halten konnte, schüttete er Suppe auf das Tischtuch und es floss ihm auch etwas wieder aus dem Mund. Sein Sohn und dessen Frau
5 ekelten sich davor, und deswegen musste sich der alte Großvater endlich hinter den Ofen in die Ecke setzen und sie gaben ihm sein Essen in ein irdenes Schüsselchen und noch dazu nicht einmal satt; da sah er betrübt nach dem Tisch und die Augen wurden ihm nass.
Einmal auch konnten seine zitterigen Hände das Schüsselchen nicht festhal-
10 ten, es fiel zur Erde und zerbrach. Die junge Frau schalt, er sagte aber nichts und seufzte nur.
Da kauften sie ihm ein hölzernes Schüsselchen für ein paar Heller, daraus musste er nun essen.
Wie sie da so sitzen, so trägt der kleine Enkel von vier Jahren auf der Erde
15 kleine Brettlein zusammen.
„Was machst du da?", fragte der Vater.
„Ich mache ein Tröglein", antwortete das Kind, „daraus sollen Vater und Mutter essen, wenn ich groß bin."
Da sahen sich Mann und Frau eine Weile an, fingen endlich an zu weinen,
20 holten alsofort[1] den alten Großvater an den Tisch und ließen ihn von nun an immer mitessen, sagten auch nichts, wenn er ein wenig verschüttete.

[1] *veraltet für* sofort

b Übertrage deine markierten Textstellen in die rechte Spalte der Tabelle.

Merkmale der Märchen	Beispiele aus dem Text

c Ergänze in der linken Spalte die entsprechenden Märchenmerkmale.

d Könnte die Geschichte wirklich passiert sein? Begründe deine Antwort.

_____

_____

4 Hans Christian Andersen ist ein bekannter Märchendichter.

a Suche Informationen über ihn und fülle den Lückentext aus.

Hans Christian Andersen wurde am 2. April _____ in Odense (Dänemark) geboren. Er wächst in sehr _____ Verhältnissen auf. Mit fast 14 Jahren geht er nach _____. Dort besucht er die _____ und studiert. Andersen fängt bereits in der Schulzeit an zu _____. Im Frühjahr 1831 bricht er zu einer längeren Reise durch _____ auf. Insgesamt bereist er gut 30 _____, darunter Italien, Frankreich und die Türkei.

Am 4. August _____ stirbt Hans Christian Andersen in _____. Er hat insgesamt 160 _____ geschrieben. Besonders bekannt sind „Des Kaisers neue _____" und „Die Prinzessin auf der _____".

b Lies die Anfänge von Märchen, die Hans Christian Andersen geschrieben hat. Ordne sie den Märchentiteln zu, verbinde beide mit einer Linie.

Der kleine und der große Klaus

Das kleine Mädchen mit den Schwefelhölzchen

Däumelinchen

Das Feuerzeug

A Es war entsetzlich kalt, es schneite und der Abend begann zu dunkeln; es war der letzte Abend des Jahres. In dieser Kälte und Dunkelheit ging auf der Straße ein kleines armes Mädchen mit bloßem Kopf und nackten Füßen.

B Auf der Landstraße kam ein Soldat dahermarschiert: Eins, zwei! Eins, zwei! Er hatte seinen Tornister auf dem Rücken und einen Säbel an der Seite, denn er war im Krieg gewesen und wollte nun nach Hause. Da begegnete er einer alten Hexe auf der Landstraße […]

C In einem Dorf wohnten zwei Männer, die beide denselben Namen hatten. Alle beide hießen sie Klaus, aber der eine besaß vier Pferde und der andere nur ein einziges Pferd.

D Es war einmal eine Frau, die sehr gern ein winzig kleines Kind haben wollte, aber sie wusste gar nicht, woher sie es bekommen sollte. Da ging sie zu einer alten Hexe […]

●●● **c** Wähle eins der Märchen aus Aufgabe b aus und lies es. Vergleiche dieses Kunstmärchen mit einem der Volksmärchen auf S. 33 oder 34. Übertrage dazu deine Tabelle mit den typischen Märchenmerkmalen in dein Heft und ergänze Textbeispiele aus dem Kunstmärchen.

Volksmärchen aus fernen Ländern lesen und verstehen

1 Lies zunächst beide Märchen.

1 *Märchen aus China*
Ein Krug voller Ameisen

Es war einmal ein armer Mann, der lebte mit seiner Frau in einer kleinen
Hütte. Die beiden waren sehr fleißig und so brauchten sie trotz ihrer Armut
nicht zu hungern. Oft ging der Mann in die nahen Berge, um Holz zu
suchen, Beeren zu pflücken und Heilkräuter aufzuspüren.

5 Eines Abends ging er sehr früh schlafen, zog die Decke über sich und sagte
zu seiner Frau: „Ich will morgen sehr früh aufstehen, denn ich will gleich
nach Sonnenaufgang in die Berge gehen." Und bedeutungsvoll fügte er
hinzu: „Höre, Frau, am Fuß des Berges mit den vielen Kiefern steht ein hoher
Baum – und unter diesem Baum ist eine Kanne voller Silber versteckt. Diese

10 Kanne will ich morgen ausgraben, wenn noch niemand um die Wege ist."
Als er dieses sagte, hatte es eben zu regnen aufgehört, es war ganz still
geworden überall, sodass man nur aus der Ferne einen Frosch quaken hörte.
„Und wie findest du die Stelle, an der du graben musst?", fragte erstaunt
und neugierig die Frau. „Dies ist ganz leicht", sagte der Mann, „man braucht

15 nur den großen Stein dort wegzurollen und an dieser Stelle dann nachzu-
graben."
Da der Abend ruhig und alles ringsum ganz still war, hatte der Nachbar in
seiner Hütte alles mit angehört. Schnell holte er einen Spaten, schlich sich
leise aus seiner Hütte und hastete im Mondenschein den Bergen zu. Nach

20 mehreren Stunden fand er tatsächlich die hohe Kiefer, unter der ein großer
Stein lag. Vorsichtig rollte er den Stein beiseite, grub an der Stelle nach und
fand alsbald einen bauchigen, schweren Krug in der Erde. Erwartungsvoll
hob er ihn aus dem Loch, griff hinein und – schrie auf. In diesem Krug
befanden sich keine Silberstücke, sondern viele, viele Ameisen, von denen

25 einige ihn sogleich in die Hand gezwickt hatten. In seinem Ärger und Zorn
über die vergebliche Mühe nahm er den Krug auf die Schulter, lief nach
Hause und kletterte dort voller Ingrimm auf das Dach seines Nachbarn. Als
er oben auf dem First saß, löste er einige Ziegel vom Dach und spähte
hinunter in die Schlafkammer. Ganz deutlich konnte er den Nachbarn unter

30 seinem Moskitonetz liegen sehen. In seinem Zorn rief er hinunter zu dem
Schlafenden: „Die Sache mit dem Krug und dem Silber ist erstunken und
erlogen! Hier, du kannst Ameisen essen!" Mit diesen Worten nahm er den
Krug und leerte den Inhalt durch die Dachluke hinunter zu seinem Nachbarn.

35 Was war das? Er hörte es klimpern und klimpern, wie wenn unzählige Geld-
stücke auf den Boden fielen. Der Nachbar wachte bei diesem Schreien und
Klimpern auf, rieb sich die Augen, sah die Bescherung und rief: „Frau, komm
schnell, ein Wunder, ein wahres Wunder, es regnet Silberstücke!" Der Mann
auf dem Dach wäre vor Staunen fast vom First gefallen, so musste er sich

40 nun wundern. Schnell drehte er den Krug um und fasste nochmals hinein.

Der Krug war leer, nur ein einziges, ganz kleines Silberstück fand er noch auf dem Boden des schweren, bauchigen Kruges. Sollte er gar den ganzen Silberschatz seinem Nachbarn selbst in die Hütte geschüttet haben? Sollte dieses kleine Silberstück sein ganzer Lohn für die Arbeit dieser Nacht
45 gewesen sein? Da der Morgen zu dämmern begann, deckte er schnell die paar Ziegel wieder über die Luke und stieg hurtig vom Dach, damit niemand bemerkte, welche Arbeit er in dieser Nacht für seinen Nachbarn verrichtet hatte.

2 *Märchen aus dem Orient*
Das kluge Mädchen und der Dieb

Es war einmal eine Frau, die hatte eine Tochter. Eines Tages ging die Frau aus, um sich mit den Nachbarn zu unterhalten, und ließ die Tochter allein zu Haus. Da kam ein Dieb, um zu stehlen. Als das Mädchen ihn erblickte, ging es hinaus, begrüßte ihn freundlich und sprach: „Willkommen, Onkel,
5 wie geht es dir, Onkel?"
Das Mädchen führte den Mann ins Haus, bewirtete ihn mit Kaffee und Zigaretten und redete dabei ohne Unterlass: „So höre nur, Onkel! Vor zwei Tagen kamen Leute und hielten um mich an. Morgen werde ich mich verloben und dann heirate ich und werde Kinder zur Welt bringen, schöne Kinder,
10 Söhne, und den erstgeborenen nenne ich Hasan und den zweiten Husain; und die beiden werden groß und gehen zum Ballspielen auf die Gasse, aber dann beim Spielen geraten sie in Streit, und deshalb rufe ich sie, ich rufe laut: ‚Hasan, komm her! Husain, komm auch her! Schnell, kommt beide her zu mir, schnell!' Ja, so rufe ich sie, bis sie kommen!"
15 Nun hießen aber die beiden Söhne der Nachbarsleute Hasan und Husain. Sie hörten das Rufen des Mädchens, kamen schnell zu ihm gelaufen und fragten: „Was ist los? Was gibt's?"
„Packt ihn!", sagte das Mädchen und deutete auf den fremden Mann. Sie packten ihn und schrien ihn an: „Was suchst du hier, du, dessen Eltern
20 verflucht seien?"
Der Dieb erschrak und erwiderte: „Bei meinem grauen Bart, ich schwöre, dass noch niemand mir in meinem langen Leben einen solchen Streich gespielt hat wie dieses Mädchen! Ich bin ein Dieb und kam hierher, um zu stehlen ... Aber nun gelobe ich in Gottes Hand und in die Hand dieses
25 Mädchens: Ich werde das Stehlen aufgeben!"
Und damit ging er davon.

2 Markiere in beiden Texten Wörter, die du nicht kennst.
Kläre deren Bedeutung.

3 Trage in die Tabelle ein, welche Merkmale von Märchen in beiden Texten enthalten sind.

Merkmale von Märchen	Märchen 1	Märchen 2
gleicher oder ähnlicher Beginn		
gleicher oder ähnlicher Schluss		
Gegensatzpaare		
magische Zahlen		
Fantasiewesen		
wiederkehrende Sprüche		
Verwandlungen, Zaubereien		
Sieg des Guten über das Böse		

4 Teile das Märchen 1 in vier Sinnabschnitte ein.
Gib jedem Abschnitt eine Zwischenüberschrift.

Z.1 – _____

_____

_____

5 Teile auch das Märchen 2 in vier Sinnabschnitte ein. Gib auch hier jedem Abschnitt eine Zwischenüberschrift.

Z.1 – _____

_____

_____

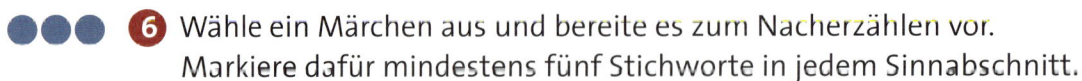 **6** Wähle ein Märchen aus und bereite es zum Nacherzählen vor.
Markiere dafür mindestens fünf Stichworte in jedem Sinnabschnitt.

Ein modernes Märchen zu Ende erzählen

1 Lies den Textauszug. Markiere im Text, woran du das moderne Märchen erkennst.

Das Tenniswunder

Es war einmal ein kleines und unbedeutendes Königreich am blauen Meer. Der König und seine bezaubernde Gattin hatten es sich in einer geräumigen Eigentumswohnung an einem Steilhang oberhalb des wunderschönen und blauen Meeres gemütlich gemacht. Von dort aus konnten sie jederzeit ihre
5 neue, teure Jacht bewundern. Zu regieren gab es nicht viel, da im Königreich nur ein paar tausend Einwohner lebten. Vor kurzem nun wurde die Liebe des Königspaares durch die Geburt ihrer kleinen und strahlenden Prinzessin gekrönt. Der König und die Königin kümmerten sich liebevoll um ihre Tochter. Diese fand, kaum dass sie laufen konnte, großen Gefallen am
10 Tennisspiel. Die Eltern erkannten ihr Talent und wollten dieses natürlich fördern, denn mit Tennisspielen konnte man die Kasse des Königreiches enorm aufbessern. Kurzerhand engagierte der König eine Trainerin für die Prinzessin. Nun war das natürlich nicht irgendeine, sondern eine berühmte Tennisspielerin, die alle Turniere der Welt gewonnen hatte und auf Platz
15 eins der Weltrangliste stand. Was das Königspaar natürlich nicht wusste: Die Trainerin war eine gute Fee, die die Prinzessin bewachen und vor Unheil bewahren sollte. So wuchs die Kleine wohlbehütet heran und entwickelte erstaunliches Talent. Im Alter von 14 Jahren gelang es ihr sogar, ihre Trainerin im Tennisspiel zu besiegen. Doch schon bald sollte großes Unheil
20 nahen ...

2 Trage in die Landkarte das kleine Königreich ein. Wähle einen weiteren Ort, an dem das Märchen weiterspielen könnte.

3 Entscheide dich für eine Person aus dem Text, die das Geschehen im Märchen weiter bestimmen soll. Charakterisiere sie näher.

Person: _____

Aussehen: _____

_____

Verhalten: _____

_____

4 Denke dir für diese Person eine Gegenspielerin/einen Gegenspieler aus. Beschreibe auch sie/ihn.

Person: _____

Aussehen: _____

_____

Verhalten: _____

_____

5 Ergänze weitere „Märchenzutaten" für ein modernes Märchen.

verzauberter Wald, magischer Tennisball, drei Spielregeln _____

_____

_____

6 Markiere drei Märchenzutaten aus Aufgabe 5, mit denen du „Das Tenniswunder" zu Ende erzählen möchtest.

7 Plane nun den Inhalt, wie dieses moderne Märchen weitergehen könnte. Denke dir passende Antworten zu den W-Fragen aus.

Wer? _____

Was? _____

_____

Wann? _____

Wie? _____

_____

Warum? _____

_____

TIPP
Nutze die Ergebnisse der Aufgaben 2 bis 7.

8 Schreibe das Märchen „Das Tenniswunder" in dein Heft.

Sagen lesen und verstehen

Sagen wurden, ebenso wie Märchen, von Generation zu Generation weitererzählt. Sagen enthalten aber einen **wahren historischen Kern** (geschichtliche Begebenheiten, Personen, landschaftliche Eigenheiten, Gebäude und Naturerscheinungen). Man unterscheidet Orts-, Götter- und Heldensagen.

1

a Lies die folgende Sage.

Doktor Luther zu Wartburg

Doktor Luther saß auf der Wartburg und übersetzte die Bibel. Dem Teufel war das unlieb und hätte gern das heilige Werk zerstört; aber als er ihn versuchen wollte, griff Luther das Dintenfass, aus dem er schrieb, und warf's dem Bösen an den Kopf. Noch zeigt man heutiges Tages die Stube und den Stuhl, worauf Luther gesessen, auch den Flecken an der Wand, wohin die Dinte geflogen ist.

b Notiere kurz, woran du erkennst, dass die Sage schon sehr alt ist.

_____

_____

TIPP
Schlage dazu nach, wodurch Martin Luther berühmt geworden ist.

c Schreibe auf, was der historische Kern der Sage ist.

_____

_____

_____

d Lies die Sage noch einmal und suche heraus, welches sagenhafte Geschehen hinzugedichtet wurde. Schreibe dein Ergebnis auf.

_____

_____

_____

_____

_____

_____

Fabeln lesen und verstehen

Fabeln erschließen

 Die **Fabel** (lat. *fabula* – Erzählung) ist ein kurzer erzählender oder gereimter Text. Zu ihren **Merkmalen** zählen:
- Tiere denken, handeln und sprechen wie Menschen,
- den Tieren sind bestimmte menschliche Eigenschaften zugeordnet, z. B.: *starker Wolf, listiger Fuchs,*
- Fabeln enthalten eine Lehre (zentrale Aussage), die aus dem Text erschlossen werden kann oder die sogar genannt wird.

Gottlieb Konrad Pfeffel
Der Igel
Der Löwe saß auf seinem Thron von Knochen
Und sann auf Sklaverei[1] und Tod.
Ein Igel kam ihm in den Weg gekrochen;
„Ha! Wurm!", so brüllte der Despot[2]
5 Und hielt ihn zwischen seinen Klauen,
„Mit einem Schluck verschling ich dich!"
Der Igel sprach: „Verschlingen kannst du mich;
Allein du kannst mich nicht verdauen."

1 Menschen müssen sich unterwerfen und dürfen nicht frei leben.
2 Gewaltherrscher

❶ Lies die Fabel. Unterstreiche Schlüsselwörter, die den Löwen genauer beschreiben.

❷ Suche ein anderes Wort für *Klauen* (Z. 5).

 ❸ Erzähle die Fabel mit eigenen Worten nach. Schreibe in dein Heft.

❹ Markiere denjenigen Satz, der am treffendsten für dich die Lehre der Fabel beschreibt. Begründe deine Entscheidung in deinem Heft.

Der Größere ist nicht immer der Gewinner.

Wer anderen Böses antun will, kann sich selbst schaden.

Schätze andere nicht nach ihrer Größe ein.

Die Schwächeren dürfen sich nicht einschüchtern lassen.

Ich habe mich für diesen Satz entschieden, weil …

TIPP
Die Lehre (Moral) fasst mit wenigen einprägsamen Worten zusammen, was der Leser aus der Fabel lernen soll.

Die Figuren einer Fabel genau untersuchen

1 Lies die folgende Fabel. Ergänze anschließend die Tiernamen
in der Überschrift.

Friedrich Hagedorn
Der _____ **und der** _____

Ein alter Haushahn hält auf seiner Scheune Wache,
da kommt ein Fuchs mit schnellem Schritt
und ruft: „O krähe, Freund, weil ich dich fröhlich mache;
ich bringe gute Zeitung[1] mit.
5 Der Tiere Krieg hört auf: Man ist der Zwietracht[2] müde.
In unserm Reich ist Ruh und Friede.
Ich selber trag ihn dir von allen Füchsen an.
O Freund, komm bald herab, dass ich dich herzen kann.
Wie guckst du so herum?" –
10 „Greif, Halt und Bellart kommen,
die Hunde, die du kennst", versetzt der alte Hahn;
und als der Fuchs entläuft, fragt er, „was ficht dich an?"[3]
„Nichts, Bruder", spricht der Fuchs, „der Streit ist abgetan;
ich zweifle aber noch, ob es die Hunde schon vernommen."

1 *veraltet für* Nachricht

2 Streit

3 Was hast du?

2 Beantworte die folgenden Fragen in ganzen Sätzen.

Wen möchte der Fuchs verspeisen?

_____

_____

Wie wird der Hahn im Text noch genannt?

_____

_____

Welche List gebraucht der Fuchs, um den Hahn vom Scheunendach
zu locken?

_____

_____

_____

_____

3 Markiere die wörtliche Rede der Sprecher mit unterschiedlichen Farben.

TIPP
Du kannst die
Rede des Fuchses
auch etwas kür-
zen.

4 Schreibe mit eigenen Worten auf, was Fuchs und Hahn sagen.

Fuchs (Z. 3 – _____): _____

_____

_____

_____

_____

Hahn (Z. _____): _____

_____

Fuchs (Z. _____): _____

_____

_____

5 Schreibe Textstellen heraus, die direkt etwas über die Eigenschaften und Verhaltensweisen der Tiere aussagen.

_____

_____

WORTLISTE
schmeichlerisch
listig
heuchlerisch
unsicher
misstrauisch
umsichtig
nachdenklich
besonnen
vorsichtig

6 Ergänze treffende Wörter, die das Verhalten der Tiere beschreiben.

Fuchs
zu Beginn der Fabel: _____

am Schluss der Fabel: _____

Hahn
zu Beginn der Fabel: _____

am Schluss der Fabel: _____

7 Schreibe die Lehre zu dieser Fabel in dein Heft.

Sachtexte erschließen

! Um dir schnell einen Überblick über den Inhalt eines Sachtextes zu verschaffen, kannst du folgende **Orientierungshilfen** nutzen:
- Was verrät die **Überschrift** über den Textinhalt?
- Geben **Teilüberschriften** Auskünfte über den Inhalt?
- Sind wichtige **Wörter hervorgehoben**?
- Gibt es **Abbildungen** zum Text?

1 Verschaffe dir einen Überblick über den Text in Aufgabe 2 (S. 46).

a Lies die Überschrift und formuliere in einem Satz, worum es in dem Text gehen könnte.

_____

_____

b Untersuche, welche Orientierungshilfen der Text außerdem enthält.

- Sind Teilüberschriften vorhanden? Welche Auskünfte geben sie über den Textinhalt?

_____

_____

_____

- Sind wichtige Wörter hervorgehoben? Was verraten sie über den Textinhalt?

_____

_____

_____

- Gibt es Abbildungen zum Text? Welche Textinhalte bilden sie ab?

_____

_____

_____

! Nicht immer kann man sofort auf den Inhalt eines Textes schließen. Dann musst du dir einen **Überblick** über den Textinhalt verschaffen. **Überfliege** dazu den Text **mit den Augen**, ohne jedes einzelne Wort zu lesen.

TIPP
Nutze dazu eine der drei Arten des Überfliegens.

❷ Überfliege den Text und formuliere darunter in einem Satz das Thema.

Der Hund – das älteste Haustier des Menschen

Hunde werden vom Menschen für **vielfältige Aufgaben** abgerichtet. Blinde Menschen lassen sich zum Beispiel von Blindenhunden führen. Schlittenhunde wiederum können beladene Schlitten über weite Schnee- und Eisflächen ziehen. Jagdhunde stöbern Wild auf und treiben es dem Jäger zu.

5 Am Grenzübergang untersucht der Zollbeamte mit seinem Zollhund Autos und Gepäckstücke nach Drogen. Der Polizeihund verfolgt die Fährte des Einbrechers. Lawinenhunde helfen, von Schnee verschüttete Lawinenopfer aufzuspüren.

Der Hund besitzt einen viel **besseren Geruchssinn** als der Mensch. Er ist 10 ein Nasentier. Beim Schnüffeln nimmt er mit der eingesogenen Luft Duftstoffe auf, nach denen er sich orientiert. Diese Witterung führt ihn zum Beispiel bei der Fährtensuche zum Ziel.

Der Hund kann auch viel **besser hören** als wir Menschen. Schon von Weitem erkennt er den Schritt seines Herrn, ohne ihn zu sehen. Sogar das Mo-15 torgeräusch vom Auto seines Herrn kann er von anderen Motorengeräuschen unterscheiden. Er reagiert außerdem auf sehr hohe Töne, die wir nicht mehr wahrnehmen können. Hunde sind also auch ausgezeichnete Ohrentiere.

Wenn der Hund im Gelände herumtollt, zeigt er seine **wahre Natur**. Spürt 20 er einen Hasen oder ein anderes Beutetier auf, so hetzt er in weiten Sätzen hinterher. Wird ein Stück Papier vom Wind aufgewirbelt, so packt der Hund meist sofort zu und schüttelt sich die Beute um die Ohren. Dieses Totschütteln und auch das Hetzen deuten darauf hin, dass der Hund ein Raubtier ist.

_____

_____

Diagonallesen

Slalomlesen

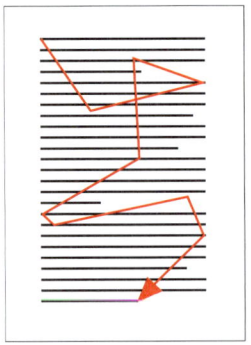

Zickzacklesen

3 Vergleiche deine Vermutung aus der Aufgabe 1 a mit deinem Ergebnis aus Aufgabe 2. Was stellst du fest?

_____

_____

_____

_____

> **!** Wenn du beim Lesen **Antwort auf eine bestimmte Frage** suchst, überlege dir, auf welche **Schlüsselwörter** du achten willst. Schlüsselwörter sind wichtige Wörter zum Thema. **Überfliege** den Text zuerst und suche nach diesen Schlüsselwörtern. Kennzeichne die Stellen, die die Antwort auf die Frage enthalten.

4 Suche im Text Antworten auf folgende Fragen.

1 Wozu dient der Hund dem Menschen?
2 Warum ist der Hund für bestimmte Aufgaben besser geeignet als der Mensch?

TIPP
Schlüsselwörter stecken schon in den Fragen oder lassen sich aus ihnen ableiten.

a Notiere dir Schlüsselwörter zu den beiden Fragen.

_1._ _____

_____

_____

_2._ _____

_____

_____

b Überfliege den Text und markiere deine Schlüsselwörter.

c Zur Beantwortung der Fragen brauchst du nicht alle Informationen aus dem Text. Begründe, welchen Abschnitt du weglassen kannst.

_____

_____

_____

TIPP
Versuche immer zuerst, die unbekannten Wörter aus dem Textzusammenhang zu erschließen, bevor du jemanden fragst oder nachschlägst.

d Lies die Textstellen mit den markierten Schlüsselwörtern genau und kläre zuerst unbekannte Begriffe.

Zoll: _____

_____

Lawine: _____

_____

Duftstoff: _____

_____

TIPP
Lass bei Stichpunkten das Subjekt weg oder verwende das Verb im Infinitiv, z.B.: _vom Menschen abgerichtet._

e Trage in Stichpunkten zusammen, welche Antworten du auf die beiden Fragen geben kannst.

_1._ _____

_____

_____

_2._ _____

_____

_____

f Beantworte die Fragen nun in kurzen Sätzen.

_____

_____

_____

_____

_____

_____

_____

> **!** Um einen Sachtext besser zu verstehen, ist es oft wichtig, seinen **Aufbau** zu **erfassen**. Das heißt, du musst den Gedankengang des Autors herausfinden. Formuliere Teilüberschriften für die Abschnitte, dann kannst du den Gedankengang des Autors schneller erfassen.

5 Der Text ist in vier Abschnitte unterteilt. Formuliere zu jedem Abschnitt eine Teilüberschrift.

1. _____

2. _____

3. _____

4. _____

> **!** Oft ist es nötig, den **Inhalt eines Textes zusammenzufassen**. Dabei hilft dir die Beantwortung folgender Fragen:
> - Welches Thema wird im Text behandelt?
> - Sind Teilthemen erkennbar?
> - Welche Hauptinformation enthält der Text?
> - Welche wesentlichen Informationen werden dazu geliefert?

TIPP
Nutze dazu besonders die Ergebnisse der Aufgaben 4 und 5.

6 Lies den Text noch einmal gründlich. Fasse seinen Inhalt in kurzen, einfachen Sätzen zusammen.

_____

_____

_____

_____

_____

_____

_____

_____

7

a Überfliege den folgenden Text.

Eine Katze, die man im Feld oder auf der Wiese sieht, ist auf der Jagd. Sie stellt Mäusen, Ratten, Kaninchen, Eidechsen oder Fröschen nach. Die Katze ist ein Raubtier. Sie hetzt jedoch nicht wie der Hund hinter ihrem Opfer her. Vielmehr schleicht sie sich vorsichtig heran und fängt ihre Beute im Sprung.

5 Sie ist ein Schleichjäger.

Katzen sehen in der Dämmerung und in der Nacht sehr viel besser als wir. Das Auge ist ihr schärfstes Sinnesorgan. Am Tage verengt sich die Pupille zu einem schmalen, senkrechten Spalt. Mit zunehmender Dämmerung vergrößert sie sich zu einer weiten, kreisförmigen Öffnung. Da-

10 durch können viele Lichtstrahlen vom Auge aufgefangen werden. Diese starke Erweiterung der Pupille ermöglicht es der Katze, auch bei Dunkelheit nach Beute zu jagen. Sie ist ein Nachtjäger.

15 Bei völliger Dunkelheit kann die Katze trotz ihrer guten Augen nichts mehr sehen. Sie verlässt sich dann auf ihr feines Gehör. Man kann dies bei einer lauernden Katze gut beobachten. Ihre Ohrmuscheln sind steil aufgestellt und bewegen sich langsam nach links und nach rechts. Die Katze

20 peilt die Stelle an, von der ganz leise Geräusche herkommen. Was unsere Ohren nicht mehr hören können, hört die Katze noch gut. So kann sie zum Beispiel das leise Mäusepiepen selbst auf größere Entfernung noch wahrnehmen.

Als Einzelgänger braucht die Katze keine Gemeinschaft. Sie fühlt sich nur

25 dem Haus und der Umgebung verbunden. Wenn „ihre Familie" umzieht, kann es sein, dass sie sich zum alten Wohnort zurückgezogen fühlt und auch wirklich dorthin zurückgeht.

b Über welches Thema informiert der Text? Formuliere eine Überschrift, die auf das Thema hinweist. Schreibe sie über den Text.

 **8** Suche im Text (Aufgabe 7) Antworten auf folgende Fragen.

1 Was für ein Jäger ist die Katze?
2 Welche Sinne sind bei der Katze besser entwickelt als beim Menschen?

a Notiere dir Schlüsselwörter zu den Fragen.

TIPP
Schlüsselwörter stecken schon in den Fragen oder lassen sich aus ihnen ableiten.

1. _____

_____

2. _____

_____

b Überfliege den Text und markiere deine Schlüsselwörter.

c Zur Beantwortung der Fragen brauchst du nicht alle Informationen aus dem Text. Begründe, welchen Abschnitt du weglassen kannst.

_____

_____

TIPP
Versuche zuerst, die unbekannten Wörter aus dem Textzusammenhang zu erschließen.

d Lies die Textstellen mit den markierten Schlüsselwörtern genau und kläre unbekannte Begriffe.

Pupille: _____

_____

Ohrmuschel: _____

_____

TIPP
Lass bei Stichpunkten das Subjekt weg oder verwende das Verb im Infinitiv, z. B.: _braucht keine Gemeinschaft_.

e Trage in Stichpunkten zusammen, welche Antworten du auf die beiden Fragen geben kannst.

1. _____

_____

_____

2. _____

_____

TIPP
Nutze dazu die
Ergebnisse der
bearbeiteten
Aufgaben.

f Beantworte die Fragen nun in kurzen Sätzen.

_____

_____

_____

_____

_____

_____

_____

_____

9 Der Text ist in vier Abschnitte unterteilt. Formuliere zu jedem Abschnitt eine Teilüberschrift.

1. _____

2. _____

3. _____

4. _____

10 Lies den Text noch einmal gründlich. Fasse seinen Inhalt in kurzen, einfachen Sätzen zusammen.

_____

_____

_____

_____

_____

_____

_____

Wortarten und Wortformen

Nomen/Substantive

> **Nomen/Substantive** bezeichnen Lebewesen, Gegenstände, Orte, Ereignisse
> oder Gefühle, z. B.:
> *der Junge, die Maus, der Koffer, die Stadt, das Erlebnis, das Glück.*
> Nomen schreibt man mit großem Anfangsbuchstaben.
>
> Nomen haben ein grammatisches **Geschlecht (Genus)**, das du am Artikel
> erkennst. Sie sind männlich, weiblich oder sächlich, z. B.:
> *der/ein Löffel, die/eine Schüssel, das/ein Sieb.*
>
> Nomen treten in einer bestimmten **Zahl (Numerus)** auf. Sie haben meist eine
> Form für den **Singular** (Einzahl) und eine Form für den **Plural** (Mehrzahl), z. B.:
> *der Junge – die Jungen, die Maus – die Mäuse.*

1

a Unterstreiche im folgenden Text die Nomen/Substantive.

Kennst du eigentlich die <u>Zwillinge</u> Julia und Julian? Sie möchten dich durch

dieses Kapitel begleiten. Die Kinder leben mit ihren Eltern und der Katze am

Rand einer kleinen Stadt in einem hübschen Einfamilienhaus.

b Schreibe vier Nomen heraus. Ergänze den bestimmten Artikel und jeweils
die Singular- oder Pluralform.

die Zwillinge – der Zwilling, _____

_____

_____

_____

TIPP
Eines der Nomen
im Text hat nur
eine Pluralform.
Wenn du un-
sicher bist,
schlage in einem
Wörterbuch nach.

c Wähle jeweils zwei männliche, weibliche und sächliche Nomen aus
und schreibe sie im Singular mit dem bestimmten und unbestimmten
Artikel auf.

männlich	weiblich	sächlich
der/ein _____	_____	_____
_____	_____	_____

2 Entscheide, ob der bestimmte oder der unbestimmte Artikel besser in die Sätze passt. Trage ihn in die Lücke ein.

1 Im Ort ist *eine* (die/eine) neue Schule eröffnet worden. **2** Ihre Besonderheit ist _____ (der/ein) Schulhof, der _____ (die/eine) Form _____ (der/einer) Blume hat. **3** Jedes Blütenblatt weist _____ (den/einen) Weg zu _____ (dem/einem) Klassenraum. **4** Und in _____ (der/einer) Mitte _____ (der/einer) Blume können sich alle treffen.

> **!**
> **Nomen/Substantive** werden im Satz **gebeugt** (dekliniert). Sie stehen dann in einem bestimmten **Fall** (Kasus): **Nominativ, Genitiv, Dativ** oder **Akkusativ**.
>
> | *Der Vater* | *trägt* | *dem Jungen* | *den Koffer.* |
> |---|---|---|---|
> | **Wer?** | | **Wem?** | **Wen? Was?** |
> | Nominativ | | Dativ | Akkusativ |

TIPP
Nutze die Frageprobe.

3 Bestimme den Fall der unterstrichenen Nomen und schreibe ihn dahinter.

1 Kennst du eigentlich die Zwillinge? (_____)

2 Die Geschwister lieben das Wochenende. (_____)

3 Denn das Wochenende gehört der Familie. (_____)

4 Setze die folgenden Nomen mit dem Artikel im richtigen Fall ein.

1 Oft helfen die Kinder *den Eltern* (die Eltern). **2** Beide pflegen gern _____ _____ (der Garten). **3** Julia jätet _____ (das Gemüsebeet). **4** Julian mäht _____ (der Rasen). **5** Manchmal hilft Julia _____ (der Bruder).

●●● **5** Suche im folgenden Text die Nomen und unterstreiche sie. Schreibe sie mit dem Artikel in richtiger Großschreibung auf.

Achtung, Fehler!

Julia und Julian gehen in die 5. klasse. Die eltern arbeiten in einem supermarkt und kommen erst am abend heim. Die geschwister freuen sich deshalb auf das wochenende, denn dann unternimmt die familie etwas gemeinsam.

TIPP
Du solltest sieben Nomen finden.

_____

_____

Pronomen

> **Possessivpronomen** zeigen einen Besitz an. Sie sind **Begleiter** der Nomen/Substantive. Man kann sie deklinieren, sie stehen im gleichen Fall wie das dazugehörige Nomen.
> **Personalpronomen** stehen im Text als **Stellvertreter** von Nomen. Sie sind wie diese deklinierbar.

1 Im folgenden Text verstecken sich sechs Personalpronomen.

a Schreibe sie jeweils in eine neue Zeile.

TIPP
Eines der Personalpronomen ist schwer zu finden, weil es im Dativ steht.

Julia und Julian sind Zwillinge. Seit einigen Wochen gehen sie nun schon in ihre neue Schule. Julia schwärmt von ihrer Klassenlehrerin und sie mag ihre neuen Freundinnen. Julian hat zwar ab und zu ein paar Probleme, wenn er mal wieder seine Sportsachen vergessen hat. Besonders freut er sich aber immer auf sein Fußballtraining, weil es ihm wirklich Spaß macht.

*sie – die Zwillinge*_____   _____

_____   _____

_____   _____

b Ergänze, für welche Nomen sie Stellvertreter sind.

2

a Setze die passenden Personalpronomen im richtigen Fall ein.

1 Am Nachmittag sind Julia und Julian oft allein. Meist machen _____

Hausaufgaben. (_____)

2 „Kommst _____ klar?", fragt Julia ihren Bruder. (_____)

3 „_____ kannst _____ in Mathe helfen", antwortet _____.

(_____) (_____) (_____)

b Bestimme mithilfe der Frageprobe den Fall. Schreibe ihn in die Klammern.

3

a Suche aus Aufgabe 1 a alle Possessivpronomen mit Nomen heraus.

*ihre Schule,*_____

TIPP
Es sind fünf Beispiele enthalten.

_____

b Ergänze die folgenden Sätze durch passende Possessivpronomen.

1 Julia nimmt _____ Schultasche. (_____)

2 Julian sucht _____ Schlüssel. (_____)

3 Mutter fragt: „Habt ihr _____ Schulbrote eingepackt?"

(_____)

4 Vater kündigt an: „Ich werde euch heute mit _____ Hund

von der Schule abholen. (_____)

5 Wir planen für _____ Wochenende eine Überraschung."

(_____)

c Bestimme mithilfe der Frageprobe den Fall der Possessivpronomen.
Schreibe ihn in die Klammern.

4 Ergänze die Nomen mithilfe von Possessivpronomen und bilde je einen Satz.

Erlebnis – Rucksack – Freunde – Abenteuer – Tagebuch

Mein schönstes Erlebnis war _____

_____

_____

_____

_____

TIPP

Wenn du dazu
noch ein Adjektiv
ergänzt, werden
die Sätze leben-
diger.

5 Lies das folgende Gedicht und verfasse ein Parallelgedicht dazu.

Du bist   *Ich bin* _____

Du bist   _____

in meinem Kopf.   _____

Ich höre   _____

dich   _____

lachen und sagen: „Wir   _____

sehen uns gleich."

Verben

> **!**
>
> **Verben** bezeichnen Tätigkeiten, Vorgänge oder Zustände, z. B.:
> *laufen, tropfen, schlafen.*
>
> Die Grundform der Verben bezeichnet man als **Infinitiv.**
> Die gebeugte (konjugierte) Form heißt **finite Verbform**. Person und Zahl
> (Numerus) der finiten Verbform müssen in Sätzen mit dem Subjekt
> übereinstimmen, z. B.:
> *laufen: ich laufe, du läufst, ihr lauft*

WORTLISTE
spielen
übertreiben
lösen
schreiben
malen

1 Setze die Verben aus der Wortliste in der richtigen Form in das Gedicht ein.

In der Schule

In Mathe

_____ ich

jede Aufgabe.

In Kunst

_____ ich

die Welt bunt an.

In der Pause

_____ ich

Fußball wie Ronaldo.

In Aufsätzen

_____ ich

tausend Wörter.

Ich _____,

findest du?

Aber nur ein bisschen.

2

a Unterstreiche alle Verben im folgenden Text.

TIPP
Probiere aus, ob
man das Wort
beugen kann,
z. B.: *ich liege,
du liegst.*

Ein langer Tag liegt hinter Julia und Julian. Sie freuen sich auf den Abend.
Wie jeden Tag sitzt die Familie gemeinsam am Tisch und isst. Jeder erzählt
von seinen Erlebnissen. Plötzlich fällt Julia etwas ein: „Vati, du hast noch etwas vergessen!" Der Vater kann ein verschmitztes Lächeln nicht verbergen.

5 „Du merkst auch alles", antwortet er. „Was haltet ihr von einer Spritztour
nach Berlin?" Die Kinder freuen sich riesig.

TIPP
Das Subjekt steht immer im Nominativ und kann mit *Wer?* oder *Was?* erfragt werden.

b Schreibe nun alle Verben mit dem dazugehörenden Subjekt aus dem Text heraus. Unterstreiche die finite Verbform und ergänze den Infinitiv.

ein langer Tag <u>liegt</u> – liegen, _____

_____

_____

_____

_____

_____

! Verben bilden **Zeitformen (Tempusformen)**. Man unterscheidet:

einfache Zeitformen	zusammengesetzte Zeitformen
• **Präsens** (Gegenwart): *ich laufe, er sitzt* • **Präteritum** (Vergangenheit): *ich lief, er saß*	• **Perfekt** (Vergangenheit): *ich bin gelaufen, er hat gesessen* • **Plusquamperfekt** (Vergangenheit): *ich war gelaufen, er hatte gesessen* • **Futur** (Zukunft): *ich werde laufen, er wird sitzen*

3 In welcher Zeitform wurde der Text in Aufgabe 2 a geschrieben? Begründe mithilfe des Merkkastens, warum.

_____

_____

4 Stelle dir vor, Julia und Julian erzählen ihren Freunden vom Abend zuvor.

a Schreibe drei Sätze auf, was die beiden erzählen könnten.

Gestern Abend beim Essen haben wir _____

_____

b Unterstreiche die Verben in deinen Sätzen und bestimme ihre Zeitform.

c Begründe, warum du diese Zeitform verwendet hast.

_____

_____

WORTLISTE
Fernsehturm –
Brandenburger
Tor – Naturkunde-
museum –
Technikmuseum –
Zoo – Tierpark –
Siegessäule –
Reichstag –
Märchenbrunnen

5 Am Nachmittag besprechen die Zwillinge, was sie sich in Berlin anschauen wollen. Ergänze die Sätze mit Sehenswürdigkeiten aus der Wortliste. Verwende dabei das Futur.

Julia sagt: „Ich werde zuerst _____

_____ .

Danach _____ „

Julian sagt: „Am ersten Tag _____

_____ .

Abends _____ „

6

a Ergänze die folgende Tabelle.

Präsens	Präteritum	Perfekt	Plusquamperfekt
ich schreibe	ich schrieb	_____	_____
_____	_____	_____	sie waren geblieben
er hilft	_____	_____	_____
_____	_____	sie sind gegangen	_____

b Wähle ein Verb aus und bilde mit den verschiedenen Zeitformen Sätze.

_____

_____

_____

> ! Die **Leitformen** oder Stammformen der Verben helfen dir, fast alle anderen
> Formen richtig zu bilden.
>
> | Infinitiv | Präteritum | Partizip II | |
> |-----------|------------|-------------|---|
> | *tanzen* | *tanzte* | *getanzt* | (schwaches Verb) |
> | *spielen* | *spielte* | *gespielt* | (schwaches Verb) |
> | *laufen* | *lief* | *gelaufen* | (starkes Verb) |
> | *sitzen* | *saß* | *gesessen* | (starkes Verb) |

7

a Ergänze die Tabelle.

Infinitiv	Präteritum	Partizip II	starkes Verb	schwaches Verb
reden	redete	geredet		X
verreisen	_____	_____		
_____	schickte	_____		
_____	_____	gekauft		
_____	_____	gelacht		
_____	sang	_____		
tragen	_____	_____		
_____	_____	gelaufen		
verstehen	_____	_____		

b Unterstreiche die Erkennungsmerkmale der starken bzw. schwachen Verben
und kreuze an, um was für ein Verb es sich jeweils handelt.

● ● ● **8** Wähle aus der Tabelle fünf Partizipien II aus und bilde Sätze mit ihnen.
Schreibe diese auf und unterstreiche die Merkmale des Partizips II.

 *Auf der Fahrt haben sie gesungen.*

_____

_____

Adjektive

> **!**
>
> **Adjektive** beschreiben Eigenschaften und Merkmale von Lebewesen, Gegen-
> ständen, Tätigkeiten und Vorgängen. Sie beschreiben Nomen/Substantive
> und Verben genauer.
> Als **Begleiter** von Nomen passen sie ihre Form in Fall (Kasus), Zahl (Numerus)
> und Geschlecht (Genus) den Nomen an. Adjektive werden **dekliniert**, z.B.:
> *Wir haben eine **süße kleine** Katze.* – Wen? Was? Akkusativ, Singular, weiblich
> *Sie spielt mit ihren **süßen kleinen** Kätzchen.* – Mit wem? Dativ, Plural, sächlich
>
> Viele Adjektive lassen sich **steigern** (komparieren).
>
> | **Positiv (Grundstufe)** | **Komparativ (Mehrstufe)** | **Superlativ (Meiststufe)** |
> |---|---|---|
> | *Maja läuft schnell.* | *Karlo läuft schneller.* | *Toni läuft am schnellsten.* |
> | *ein schnelles Pferd* | *ein schnelleres Pferd* | *das schnellste Pferd* |

① Wähle passende Adjektive aus der Wortliste aus und setze sie ein.

WORTLISTE
ereignisreich –
schnell – neu –
ungeduldig –
interessant –
lecker

1 Ein *ereignisreiches* Wochenende liegt vor der Familie.

2 Die Zwillinge warten schon _____ darauf, dass der

Vater endlich ihr _____ Auto aus der Garage holt.

3 Julia hat mit der Mutter für ein _____ Verpflegungs-

paket gesorgt.

4 Julian und der Vater haben lange eine _____ und doch

_____ Reiseroute ausgewählt.

② Ergänze die Steigerungsformen der Adjektive.

Positiv	Komparativ	Superlativ
gemütlich	_____	*am gemütlichsten*
riesig	_____	_____
ungeduldig	_____	_____
klein	_____	_____
jung	_____	_____

TIPP
Positiv + *wie*,
Komparativ + *als*,
z.B.:
*kalt wie Eis,
kälter als Eis*

 **③** Was könnte auf der Fahrt geschehen sein? Schreibe die Geschichte in dein
Heft. Verwende Adjektive und ihre Steigerungsformen.

Präpositionen

Präpositionen drücken räumliche, zeitliche oder andere Beziehungen zwischen Wörtern und Wortgruppen aus, z. B.:
in seinem Garten (Wo?), *nach den Ferien* (Wann?), *mit dem Fahrrad* (Womit?).
In der Umgangssprache werden Präpositionen und Artikel oft zusammengezogen, z. B.:
beim (bei dem), durchs (durch das), zum (zu dem), ins (in das).
Präpositionen fordern einen bestimmen **Fall** (**Kasus**).

Dativ	Akkusativ	Wechselpräpositionen (Dativ oder Akkusativ)
aus, bei, mit, nach, seit, von, zu	*durch, für, gegen, ohne, um*	*an, auf, hinter, in, neben, über, unter, zwischen, vor*

Die **Frageprobe** hilft, den richtigen Fall zu ermitteln, z. B.:
Sie läuft in den Garten. Wohin? → Akkusativ
Er sitzt im Garten. Wo? → Dativ
Sie sorgt sich um ihn. Um wen? → Akkusativ
Sie spielt mit ihm. Mit wem? → Dativ

1

a Unterstreiche im Text alle Präpositionen mit den dazugehörenden Nomen und deren Begleitern.

TIPP
Im Text sind acht Präpositionen enthalten.

1 Die Familie verlässt <u>bei schönem Wetter</u> die Stadt und fährt auf die Auto-

bahn. **2** Bald vertreiben sie sich die Zeit mit einem Spiel: Woher und wohin?

3 „Dieser LKW kommt aus dem Erzgebirge und er will vielleicht zu einem

Hafen." **4** „Und woher kommt der LKW mit dem Kennzeichen J?" **5** Julian

kann über diese Unwissenheit nur lachen. **6** Julia ist sauer auf ihn.

b Schreibe die Wortgruppen auf und bestimme den Fall der Nomen. Nutze dazu deine Kenntnisse über Präpositionen. Lies noch einmal im Merkkasten nach.

bei schönem Wetter (Dativ),

TIPP

Achte auf den richtigen Fall:

Woher? → Dativ

Wohin? → Akkusativ

2 Woher kommen die Fahrzeuge und wohin wollen sie?

a Ergänze die Sätze, setze die Orte mit geeigneten Präpositionen ein.

1 Der Fischkühltransporter kommt _____

und fährt _____. (der Norden, das Erzgebirge)

2 Der Milchtransporter kommt _____

und fährt _____. (das Erzgebirge, der Norden)

3 Der Campingwagen kommt _____

und fährt _____. (der Süden, die Sächsische Schweiz)

4 Das Motorrad kommt _____ und fährt

_____. (die Sächsische Schweiz, der Süden)

b Unterstreiche die Präpositionen, die du verwendet hast.

TIPP

Achte auf den richtigen Fall:

Wo? → Dativ

Wohin? → Akkusativ

3 Ergänze die folgenden Beispiele und die entsprechende Frage.

Er wohnt **in** _____ (ein kleines Dorf). ___*Wo?*___

Er fährt **in** _____ (ein kleines Dorf). _____

Sie fahren **auf** _____ (die Autobahn). _____

Sie fahren **auf** _____ (die Autobahn). _____

4 Auf der Fahrt fertigen Julia und Julian eine Liste an, was sie in Berlin alles vorhaben. Bilde mithilfe der folgenden Wörter mindestens drei Sätze.

TIPP

Präposition und Artikel werden manchmal zusammengezogen, z.B.:

in dem – im,

zu dem – zum.

| auf – in – über – unter – durch – mit – zu – vor | der Fernsehturm – der Zoo – der Alexanderplatz – die U-Bahn – das Technikmuseum | fahren – gehen – schlendern – sitzen – stehen |

Wir wollen auf den Fernsehturm fahren, in den _____

_____

_____

_____

Satzbau und Zeichensetzung

Bau des einfachen Satzes

> **!** Sätze werden aus **Satzgliedern** gebildet. Zu einem Satzglied gehören die Wörter, die sich zusammenhängend umstellen lassen (**Umstellprobe**).
> Im Aussagesatz steht die finite (gebeugte) Verbform immer an zweiter Stelle.
> Vor der finiten Verbform kann immer nur ein Satzglied stehen, z. B.:
> *Der Vater / **fährt** / die Familie / am Wochenende / nach Berlin.*
> *Am Wochenende / **fährt** / der Vater / die Familie / nach Berlin.*
> *Die Familie / **fährt** / der Vater / am Wochenende / nach Berlin.*
>
> Folgende **Satzglieder** kennst du schon:
>
> | *Der Vater* | *fährt* | *die Familie* | *am Wochenende* | *nach Berlin.* |
> |---|---|---|---|---|
> | Wer? Was? | Was wird | Wen? Was? | Wann? | Wohin? |
> | → Nominativ | ausgesagt? | → Akkusativ | | |
> | **Subjekt** | **Prädikat** | **Objekt** | **Adverbialbestimmung** | |
> | | | | **der Zeit** | **des Ortes** |

TIPP
Nutze die Umstellprobe.

1 Wie viele Satzglieder enthalten die folgenden Sätze?

a Trenne sie durch Schrägstriche ab und schreibe ihre Anzahl dahinter.

In der Ferne / erkennt / man / die ersten Häuser. (_4_)

An der Abfahrt Potsdam-West verlassen sie die Autobahn. (__)

In Richtung Berlin fahren sie jetzt auf einer schönen Allee. (__)

Den riesigen Fernsehturm entdecken die Kinder zuerst. (__)

b Unterstreiche in allen Sätzen die gebeugte (finite) Verbform.

2 Welche Satzglieder würdest du umstellen, um die Sätze besser miteinander zu verbinden? Schreibe deine Vorschläge auf.

_____

_____

_____

_____

_____

Subjekt

 Das **Subjekt** wird auch als der Satzgegenstand bezeichnet. Über das Subjekt wird etwas ausgesagt. Es steht meist im Nominativ.
Man erfragt das Subjekt mit *Wer?* oder *Was?*, z.B.:
Die beiden Kinder sehen aus dem Autofenster. Wer?
Schon zeigt ein Verkehrsschild das nahe Ziel an. Was?

1 In den folgenden Sätzen fehlt das Subjekt.

a Wähle aus der Wortliste ein passendes Subjekt aus und setze es ein.

WORTLISTE
Julia und Julian –
die Mutter – ich –
der Vater – wir –
eine Frau – ich –
die Kinder – alle

1 *Julia und Julian* werden langsam ungeduldig.

2 _____ beruhigt sie deshalb.

3 „_____ sind bestimmt bald in unserer Pension."

4 _____ biegt dann rechts ab und hält vor einem Haus.

5 _____ kommt an die Einfahrt und begrüßt die Familie.

6 „_____ freue mich, dass Sie uns gefunden haben!"

7 _____ helfen, das Gepäck ins Haus zu tragen.

b Das Subjekt steht in den Sätzen der Aufgabe a immer an der ersten Stelle. Formuliere einige Sätze so um, dass das Subjekt an einer anderen Stelle steht.

_____

_____

_____

_____

_____

_____

_____

_____

_____

_____

Prädikat

> **!** Das **Prädikat** sagt etwas über das Subjekt aus (**Satzaussage**). Man kann fragen:
> *Was wird ausgesagt?*
> Es gibt **einteilige** und **mehrteilige Prädikate**, z. B.:
> *Die Familie plant einen Ausflug in die grüne Umgebung.*
> *Heute wollen sie an einen See fahren. Julian zieht seine Badehose an.*
> Das mehrteilige Prädikat kann andere Satzglieder einrahmen. Es bildet dann
> einen **prädikativen Rahmen**.

1

a Ergänze die Sätze durch einfache Prädikate im Präsens.

> spazieren – lachen – bummeln – beobachten – essen – bestaunen

1 Die Familie *spaziert* durch die Stadt.

2 Sie _____ das bunte Menschengewirr.

3 Julian _____ über einen Straßenclown.

4 Julia _____ einen riesigen Kran bei der Arbeit.

5 Später _____ sie noch durch einige Geschäfte.

6 Anschließend _____ sie in einem Restaurant.

b Stelle dir vor, Julia erzählt ihren Freundinnen am nächsten Tag von
ihrem Stadtbummel. Schreibe die Sätze im Perfekt auf und unterstreiche
die Prädikate.

_____

_____

_____

_____

_____

_____

_____

_____

c Vergleiche die Prädikate aus Aufgabe a mit denen aus Aufgabe b.
Was stellst du fest?

_____

_____

 2

a Suche in den folgenden Sätzen die Prädikate und unterstreiche sie.

1 Die Zeit <u>vergeht</u> wie im Fluge. **2** Nach zwei Stunden sitzen alle erschöpft auf einer Bank. **3** Die Mutter sagt: „Wir müssen noch über den Rest des Tages reden. Wer hat schon Pläne geschmiedet?" **4** „Vielleicht können wir heute noch in ein Museum fahren", beginnt Julian. **5** „Ich würde lieber auf die Siegessäule steigen. Von dort oben kann man sicher weit über die Stadt sehen", meint Julia. **6** „Wir werden am besten losen", schlägt der Vater vor.

b Trage die Prädikate mit den dazugehörigen Subjekten in die Tabelle ein.

Subjekt	einteiliges Prädikat	mehrteiliges Prädikat
die Zeit	*vergeht*	

Objekt (Ergänzung)

> ! Prädikate werden häufig durch **Objekte** ergänzt. Der Fall des Objekts ist vom Verb abhängig.
> Um den Fall zu erkennen, kannst du die **Frageprobe** nutzen, z.B.:
>
>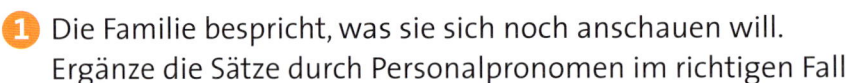
>
> Sie hören <u>einem Straßenmusiker</u> zu. Wem? → Dativobjekt
> Sie beobachten <u>eine Tänzerin</u>. Wen? → Akkusativobjekt
> Sie kaufen <u>Eintrittskarten</u>. Was? → Akkusativobjekt

TIPP
Nutze die Frageprobe.

1 Die Familie bespricht, was sie sich noch anschauen will.
Ergänze die Sätze durch Personalpronomen im richtigen Fall.

1 Julian hat einen Stadtplan dabei und gibt *ihn* dem Vater.

2 Der Vater findet sich nicht zurecht und Julia hilft _____.

3 Die Mutter fragt: „Was interessiert _____ am meisten?"

4 Julia antwortet: „Ein Besuch im Aquarium wäre _____ am liebsten."

5 Julian stimmt _____ sofort zu.

6 „Also machen wir _____ die Freude und fahren zum Aquarium", entscheidet die Mutter.

7 „Aber wie finden wir _____ am schnellsten?", sorgt sich der Vater.

2
a Ergänze die Sätze.

TIPP
Sehenswürdigkeiten findest du in der Wortliste auf S. 59.

Ich würde mir zuerst _____

_____

_____ *ansehen.* ( )

Sehr interessant finde ich _____

_____

_____ ( )

Toll wäre, wenn ich _____

_____ *begegnen würde.* ( )

b Unterstreiche die Objekte und schreibe in die Klammern, ob es sich jeweils um ein Dativobjekt (DO) oder ein Akkusativobjekt (AO) handelt.

Adverbialbestimmungen (Umstandsbestimmungen) des Ortes und der Zeit

! Das Prädikat kann auch durch **Adverbialbestimmungen (Umstandsbestimmungen)** näher bestimmt werden.
Die **Adverbialbestimmung der Zeit (Temporalbestimmung)** erfragt man mit *Wann?, Wie lange?, Bis wann?, Seit wann?*, z.B.:
Wir gehen <u>morgen</u> in den Zoo. Dort wollen wir <u>ca. 2 Stunden</u> bleiben. <u>Schon seit Freitag</u> sind wir in Berlin. Wir bleiben <u>noch bis Dienstag</u>.
Die **Adverbialbestimmung des Ortes (Lokalbestimmung)** erfragt man mit *Wo?, Woher?, Wohin?*, z.B.:
Schon seit Freitag sind wir <u>in Berlin</u>. Wir sind <u>aus einem kleinen Ort in Thüringen</u> angereist. Morgen gehen wir <u>in den Zoo</u>.

TIPP
Die Adverbialbestimmungen können aus einem oder aus mehreren Wörtern bestehen.

1 Suche die Adverbialbestimmungen des Ortes und der Zeit im folgenden Text. Trage sie mit dem passenden Fragewort in die Tabelle ein.

1 Spät am Abend fahren die Gäste in ihre Pension. **2** Julian ist sehr müde und wankt sofort ins Bad. **3** Julia aber sitzt noch eine Stunde am Tisch und schreibt in ihr Tagebuch. **4** Dann liegt auch sie endlich im Bett. **5** Kurz vor dem Einschlafen nimmt sie sich vor, morgen ihrer Freundin eine Ansichtskarte aus Berlin zu schreiben.

Adverbialbestimmung der Zeit	Adverbialbestimmung des Ortes
spät am Abend (Wann?)	

2 Stelle dir vor, was Julia ihrem Tagebuch anvertraut. Schreibe einen Tagebucheintrag in dein Heft. Verwende dazu folgende Angaben.

heute – am Morgen – später – abends – danach – in der Nacht –
Autobahn – Vorort von Berlin – Zentrum der Stadt – Pension

Attribut (Beifügung)

!

> **Attribute** (Beifügungen) bestimmen Nomen/Substantive näher. Sie können vor oder hinter den Nomen/Substantiven stehen. Man erfragt sie mit *Welche?, Welcher?, Welches?* oder *Was für ein/eine?*, z. B.:
> *eine <u>weltbekannte</u> Sehenswürdigkeit, der Dom <u>mit dem goldenen Kreuz</u>*.
> Attribute können nicht allein umgestellt werden, sie bleiben immer bei dem Nomen, auf das sie sich beziehen. Sie sind ein Teil dieses Satzgliedes und werden deshalb **Satzgliedteil** genannt.

1

a Lies den Text durch. Was fällt dir auf?

1 Am _____ Morgen stehen Julia und Julian um 7:00 Uhr auf.

2 Es riecht nach _____ Brötchen und _____ Kakao.

3 Schnell waschen sie sich, bürsten ihre _____ Haare und

ziehen ihre _____ T-Shirts an.

4 Dann laufen sie in den _____ Frühstücksraum.

5 Ihre Eltern sitzen schon am _____ Tisch und warten.

6 Ein _____ Tag _____ liegt vor ihnen.

b Setze nun die folgenden Attribute in der richtigen Form ein.

> nächste – mit vielen Erlebnissen – lecker – einladend – zerzaust – neu –
> gedeckt – schön – frisch

c Lies den Text erneut. Begründe, welche Textvariante dir besser gefällt.

_____

_____

2 Finde selbst geeignete Attribute, die in den Text der Aufgabe 1 a eingesetzt werden können. Schreibe vier Wortgruppen auf und unterstreiche die Attribute.

<u>am ersten</u> Morgen, _____

_____

_____

Kommasetzung bei Aufzählungen

> **!** Sätze können **Aufzählungen** in Form von Wörtern oder Wortgruppen enthalten.
> Die einzelnen Glieder einer Aufzählung trennt man durch ein **Komma**
> voneinander ab, wenn sie nicht durch *und, oder, sowie, sowohl – als auch*
> verbunden sind, z.B.:
> *Die Familie ist früh aufgestanden, hat gefrühstückt und ist dann aufgebrochen.*

Achtung, Fehler!

1 Lies den Zettel, auf dem Julian Ideen für seinen Aufenthalt in Berlin notiert hat. Suche die Aufzählungen und setze die fehlenden Kommas.

> Am ersten Tag möchte ich den Reichstag die Siegessäule
> das Brandenburger Tor und die Gedächtniskirche sehen.
> Am zweiten Tag sollten wir ins Aquarium in den Zoo oder
> in den Tierpark gehen. Unbedingt muss ich die Affen
> 5 die Elefanten die Löwen und natürlich die Eisbären sehen.
> Am letzten Tag können wir noch auf den Fernsehturm fahren
> über den Alexanderplatz schlendern das Rote Rathaus
> besichtigen und den Märchenbrunnen suchen. Wann gehen wir
> aber ins Naturkundemuseum ins Technikmuseum und auf die
> 10 berühmte Museumsinsel? Und was ist mit einer Stadtrundfahrt
> einer Schiffstour einem Einkaufsbummel und vielleicht sogar
> einem Besuch im Kindertheater?

2 Julia findet das ganz schön frech, sie meldet nun auch ihre Wünsche an.
Sie hat aber nur die folgenden Verben aufgeschrieben.

a Formuliere aus Julias Stichpunkten einen Satz.

> bummeln   einkaufen   faulenzen   baden   sich sonnen

Julia möchte lieber _____

_____

TIPP
Achte auf die Kommasetzung.

b Erweitere den Satz aus Aufgabe a so, dass nicht einzelne Wörter,
sondern Wortgruppen aufgezählt werden.

Julia möchte lieber durch die belebten Straßen bummeln, _____

_____

_____

Bau des zusammengesetzten Satzes

> **!** Ein **zusammengesetzter Satz** besteht oft aus Hauptsatz und Nebensatz. Diese Sätze werden als Satzgefüge bezeichnet.
>
> Die meisten **Nebensätze** erkennst du daran, dass
> - die finite (gebeugte) Verbform an letzter Stelle steht,
> - sie mit einem Einleitewort beginnen, z.B.:
>
> *Die Kinder schliefen sofort ein,* | *weil* | *der Tag anstrengend war.*
>
> HAUPTSATZ , NEBENSATZ .

1 Unterstreiche die Nebensätze mit einer Wellenlinie.

  1 Die Schüler der 5. Klasse wollen ihren Klassenraum verschönern, da die Wände noch sehr kahl aussehen.

  2 Weil sie aus mehreren umliegenden Orten kommen, will jeder eine Anschauungstafel zu seinem Heimatort gestalten.

  3 Die Lehrerin bespricht mit ihnen zunächst die wichtigsten Dinge, damit alle eine ansprechende Tafel zusammenstellen können.

  4 Obwohl das Vorhaben bestimmt sehr schwierig ist, machen sich alle mit Feuereifer an die Arbeit.

2 Ergänze die Nebensätze in folgenden Satzgefügen durch passende Einleitewörter aus der Wortliste und setze die fehlenden Kommas.

WORTLISTE
was – da –
damit – weil

  1 Zuerst überlegen sich alle _____ das Besondere an ihren Heimatorten ist.

  2 _____ sie nichts vergessen schreiben sie eine Liste.

  3 Einige Schüler treffen sich zu einem Spaziergang _____ sie gemeinsam einige Fotos schießen wollen.

TIPP
Es ist auch ein
einfacher Satz
dabei.

3 Hier fehlen Kommas zwischen Haupt- und Nebensätzen. Setze sie.

Achtung, Fehler!

Am nächsten Tag sind alle gespannt was die anderen mitgebracht haben. Die Lehrerin lobt die Klasse weil sich alle große Mühe gegeben haben. Der Hausmeister hat eine große Korkplatte besorgt damit die Fotos und die Berichte angepinnt werden können. Dass es so ein tolles Ergebnis werden würde hätte gestern noch niemand gedacht. Alle sind stolz und zufrieden.

Zeichensetzung bei der direkten (wörtlichen) Rede

> **!** Um wiederzugeben, was jemand sagt oder gesagt hat, verwendet man die **direkte (wörtliche) Rede**. Sie wird durch **Anführungszeichen** gekennzeichnet. Oft steht vor, nach oder zwischen der direkten Rede ein **Begleitsatz**, z. B.:
> *Sie fragt:* „*Hast du alles erledigen können?*" „*Aber natürlich*", *antwortet er.*
> „*Das ist ja prima*", *stellen beide fest,* „*da können wir mit der Arbeit beginnen.*"

1 Eine Schülerin hat ein Interview mit dem Bürgermeister ihres Heimatdorfes durchgeführt. Sie hat sich vorher Fragen notiert.

> *Wie lange sind Sie schon Bürgermeister im Ort? Was gefällt Ihnen am besten hier? Worüber ärgern Sie sich besonders?*

TIPP
Achte auf die richtigen Satzzeichen.

a Schreibe die Fragen in direkter Rede mit einem Begleitsatz auf.

Sie fragt: „_____

_____

_____

_____ *, will sie danach wissen.*

Schließlich interessiert sie noch: _____

_____

WORTLISTE
antworten
schwärmen
verraten

b Schreibe die Antworten des Bürgermeisters in direkter Rede auf. Verwende im Begleitsatz die Verben aus der Wortliste.

Ich bin schon 10 Jahre Bürgermeister. Besonders schön finde ich die Parkanlagen. Ich ärgere mich vor allem, wenn an der Bushaltestelle Müll herumliegt.

_____

_____

_____

_____

 **2** Wie könnte das Gespräch weitergehen? Schreibe es in direkter Rede mit Begleitsätzen in dein Heft.

Wortbildung

Zusammengesetzte Nomen/Substantive und Adjektive

!

Unser Wortschatz erweitert sich ständig, z.B. durch **Zusammensetzungen**. Zusammengesetzte Nomen/Substantive und Adjektive entstehen, wenn zwei oder mehrere selbstständige Wörter miteinander verbunden werden, z.B.:

kaufen + Haus → *Kaufhaus,*
hell + blau → *hellblau.*

Sie bestehen aus **Bestimmungswort** und **Grundwort**. Das Grundwort bestimmt die Wortart und das grammatische Geschlecht der Zusammensetzung, z.B.:

die Stadt + der Plan → *der Stadtplan,*
die Reise + lustig → *reiselustig.*

Manchmal muss ein **Fugenelement** eingefügt werden, z.B.:

das Museum + der Besuch → *der Museumsbesuch,*
die Sonne + hell → *sonnenhell.*

TIPP
Manchmal musst du ein Fugenelement einfügen.

1 Wie kannst du es kürzer sagen? Bilde zusammengesetzte Nomen/Substantive und schreibe sie mit ihrem Artikel auf. Unterstreiche Grund- und Bestimmungswort mit unterschiedlichen Farben.

eine Haltestelle für den Bus – *die Bushaltestelle* _____

eine Brille, die vor Sonne schützt – _____

ein Stand, an dem es Souvenirs gibt – _____

Schuhe zum Wandern – _____

eine Bahn, die auf der Straße fährt – _____

TIPP
Manchmal musst du ein Fugenelement einfügen.

2 Bilde zusammengesetzte Adjektive, indem du die passenden Bestandteile zuerst durch Linien verbindest. Schreibe danach das neue Wort auf.

Wunder	flink	*wunderschön* _____
Riese	schön	_____
Himmel	stark	_____
Bär	blau	_____
Wiesel	klar	_____
Glas	groß	_____

Abgeleitete Nomen/Substantive, Verben und Adjektive

!

Unser Wortschatz erweitert sich ständig, z.B. auch durch **Ableitungen**.
Ableitungen entstehen, indem Nomen/Substantive, Verben oder Adjektive mit
Präfixen (Vorsilben) und/oder Suffixen (Nachsilben) verbunden werden, z.B.:
heiter + -keit → *Heiterkeit, be- + leben* → *beleben, Sommer + -lich* → *sommerlich.*

TIPP

-heit, -keit,
-ung, -schaft,
-nis, -tum
→ Nomen
-ig, -lich, -isch,
-haft, -bar, -sam
→ Adjektive

1 Ordne die unterstrichenen Wörter in die Tabelle ein.

Die abendliche Ausgelassenheit täuscht nicht darüber hinweg, dass alle
recht traurig sind. Es ist immer noch sommerlich warm. Sie sitzen draußen
und bereden die Erlebnisse und Begegnungen der letzten Tage. Sie denken
vor allem an die vielen Sehenswürdigkeiten, die sie besucht haben. Vieles
5 müssen sie erst einmal verarbeiten. Morgen wird die Familie wieder zu
Hause sein und von ihrer wunderbaren Reise erzählen.

abgeleitete Nomen	abgeleitete Adjektive	abgeleitete Verben
_____	_____	_____
_____	_____	_____
_____	_____	_____
_____	_____	_____

2 Bilde mit den folgenden Präfixen und Suffixen je drei Wörter.
Trage in die Klammern dahinter ein, welche Wortart entstanden ist.

-sam: _____ (   )

-ung: _____ (   )

be-: _____ (   )

-keit: _____ (   )

-heit: _____ (   )

-ig: _____ (   )

-lich: _____ (   )

ver-: _____ (   )

In einem Wörterbuch nachschlagen

! Die fett gedruckten **Stichwörter** sind meist alphabetisch geordnet. Um schnell und sicher nachschlagen zu können, solltest du das Alphabet gut kennen. Außerdem helfen die **Seitenleitwörter** beim Nachschlagen. Seitenleitwörter heißen die fett gedruckten Wörter am oberen Rand jeder Seite.

1 In dieser Schüssel ist ein Buchstabensalat. Bringe das Alphabet in die richtige Reihenfolge.

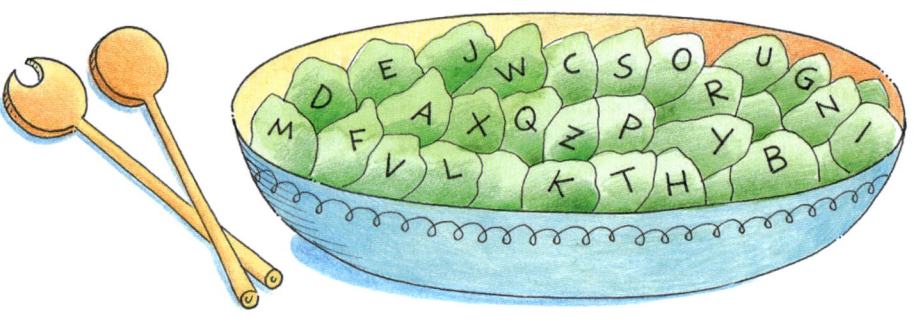

A,

_____

_____

2 Mit einem Handy kannst du verschiedene Tätigkeiten ausführen. Ordne die folgenden Verben in alphabetischer Reihenfolge.

telefonieren – schreiben – spielen – fotografieren – mailen – simsen – surfen – chatten

_____

_____

_____

● ● ● **3** Zungenbrecher haben oft den gleichen Anfangsbuchstaben. Schreibe die Wörter nach dem Alphabet geordnet auf. Ordne hier nach dem zweiten oder dritten Buchstaben.

Zehn Ziegen zogen zwanzig Zentner Zucker zum Zoo.

_____

_____

4 Überprüfe die Schreibung der folgenden Wörter mithilfe des Wörterbuches. Schreibe alle Wörter richtig auf und notiere die Seitenzahl und das Seitenleitwort.

Achtung, Fehler!

Fahrad – vieleicht – Torwahrt – bischen – spanend – nähmlich

Fahrrad: S. 379, fahren;

_____

_____

_____

5 Ergänze die folgende Tabelle.

Finite (gebeugte) Verbform	Infinitiv	Seite und Seitenleitwort
brach	brechen	
vergaßen		
war		
hieß		

●●● **6** Suche die folgenden Wörter im Wörterbuch. Notiere die Seite und das Seitenleitwort.

TIPP
Bilde zuerst den Infinitiv.

las vor: _____

hat geschrieben: _____

gegangen: _____

●●● **7** Schlage folgende Wörter im Wörterbuch nach und schreibe die Bedeutung heraus.

Rhinozeros: _____

Liane: _____

Gladiator: _____

_____

Wortstämme richtig schreiben

Wörter mit *b, d, g* und *p, t, k* am Stammende

! Im Auslaut werden *b, d, g* wie *p, t, k* gesprochen. Verlängere die Wörter (**Verlängerungsprobe**), dann hörst du, welchen Buchstaben du schreiben musst, z. B.:

*das Ra■ – die Rä**d**er → das Ra**d**.*

1

TIPP
Wenn du nicht sicher bist, schlage die Pluralform im Wörterbuch nach.

a Schreibe das gesuchte Wort im Plural und Singular unter das Bild. Unterstreiche jeweils den Buchstaben am Stammende.

*die Kör**b**e*

*der Kor**b***

_____

_____

_____

_____

_____

_____

_____

_____

_____

_____

b Verlängere die folgenden Wörter und unterstreiche jeweils den Buchstaben am Stammende.

klug _____   grob _____

gesund _____   derb _____

> **!** Auch die **Verwandtschaftsprobe** hilft dir, die richtige Schreibweise zu ermitteln.
> Suche stammverwandte Wörter, z.B.:
> *tru*▪ *– tragen – trägt – trägst – Träger – Tragetasche* → *tru*g.

TIPP
Bilde Zusammensetzungen, Ableitungen oder Steigerungsformen.

2 Bilde zu folgenden Wörtern Wortfamilien. Unterstreiche in allen Wörtern den Buchstaben am Stammende.

> hob – kalt – Zwerg – Spuk – mild – bunt – Pflug

ho̲b – he̲ben – He̲bebühne; kal̲t – _____

_____

_____

_____

_____

_____

TIPP
Wenn du unsicher bist, mache die Verlängerungs- oder die Verwandtschaftsprobe.

¹ Spaß

3 Lies den Beginn des Gedichts von Wilhelm Busch.

a *d* oder *t*, *g* oder *k*, *b* oder *p*? Setze die fehlenden Buchstaben ein.

Plisch und Plum

Eine Pfeife in dem Mun__e,
unterm Arm zwei junge Hun__e
tru__ der al__e Kaspar Schlich. –
Rauchen kann er fürch__erlich.
5 Doch, obschon die Pfeife glüh__,
oh, wie kal__ ist sein Gemü__! –

„Wozu" – lau__en seine Wor__e –
„Wozu nützt mir diese Sor__e?
Macht sie mir vielleicht Pläsier¹?
10 Einfach nein! erwidr' ich mir.
Wenn mir aber was nicht lie__,
weg damit! ist mein Prinzi__."

b Welches *d* und *t* kannst du deutlich hören? Unterstreiche diesen Buchstaben jeweils.

c Versuche selbst, einen Reim zu dichten.

Es war einmal ein Pudelhund,
der war dick und _____.

Wörter mit kurzem Stammvokal

> **!** Nach einem **kurzen betonten Vokal** (Selbstlaut) im Wortstamm folgt ein doppelter Konsonant (Mitlaut), z. B.: *Kanne, Rolle, Stimme.*
> Bei der **Zerlegeprobe** (Zerlegen in Sprechsilben) erkennst du, ob du ein Wort mit zwei gleichen oder verschiedenen Konsonanten schreiben musst, z. B.:
> *Hal len,* aber: *hal ten; Tan ne,* aber: *Tan te.*

1

a Lies Wilhelm Buschs Gedicht über Affen.

Die Affen

Der Bauer sprach zu seinem Jungen:
„Heut in der Stadt, da wirst du gaffen.
Wir fahren hin und sehn die Affen.
Es ist gelungen,
5 und um sich schiefzulachen,
was die für Streiche machen
und für Gesichter
wie rechte Bösewichter.
Sie krauen sich,
10 sie zausen sich,
sie hauen sich,
sie lausen sich,

beschnuppern dies, beknuppern das,
und keiner gönnt dem andern was,
15 und essen tun sie mit der Hand,
und alles tun sie mit Verstand,
und jeder stiehlt als wie ein Rabe.
Pass auf, das siehst du heute."
„O Vater", rief der Knabe,
20 „sind Affen denn auch Leute?"
Der Vater sprach: „Nun ja,
nicht ganz, doch so beinah."

b Unterstreiche alle doppelten Konsonanten.

c Trage alle Wörter mit Doppelkonsonanten in die Tabelle ein und kennzeichne die Silbenbögen in mehrsilbigen Wörtern. Ergänze in jeder Spalte zwei Wörter.

ff	pp	nn	ss	ll
Af fen				

TIPP
Nutze die
Zerlegeprobe.

2

a Ergänze die Tiernamen in der linken Spalte. Jedes Wort enthält einen Doppelkonsonanten.

Singular	Plural
der Affe	*die Affen*
die Qu _ _ _ _	
die Ra _ _ _	
die Spr _ _ _ _	
die Kra _ _ _	
das Ma _ _ _ _ _	
das La _ _	
der Schi _ _ _ _	

b Ergänze die Pluralformen in der rechten Spalte.

3 Was machen diese Tiere?

a Ergänze die Wortgruppen.

1 die Hummel s _ _ _ _   2 der Hund b _ _ _ _

3 der Affe kl _ _ _ _ _ _   4 die Taube gu _ _ _

5 die Katze schnu _ _ _   6 der Hase schnu _ _ _ _ _

7 der Wellensittich fla _ _ _ _ _   8 die Forelle schw _ _ _ _

MERKZETTEL
Diese Wörter will
ich mir merken:

b Wähle vier Infinitive aus Aufgabe a aus, bilde die 2. und 3. Person Singular.

summen – du summst – er summt;

Wörter mit langem Stammvokal

> **!**
>
> **Lang gesprochene Vokale** können unterschiedlich geschrieben werden:
> - die meisten Wörter mit einem einfachen Vokal, z. B.: *war, treten, kleben*;
> - manche Wörter mit *h*, z. B.: *fahren, blühen, Mühe*;
> - einige Wörter mit doppeltem Vokal, z. B.: *Schnee, Meer, Moor*.

1 In den Schneckenhäusern haben sich mehrere Wörter versteckt.

a Grenze die Wörter durch senkrechte Striche ab.

b Trage die Wörter aus den Schneckenhäusern in die folgende Tabelle ein. Suche dann Überschriften für den Tabellenkopf.

c Trage in jede Spalte drei weitere Beispiele ein.

2 Schreibe stammverwandte Wörter zum Verb *wohnen* auf. Markiere in allen Wörtern das *h*.

_____

_____

_____

> **!** Im Deutschen wird das **lang gesprochene *i*** meistens als *ie* geschrieben. In allen stammverwandten Wörtern bleibt es erhalten, z.B.: *verz<u>ie</u>ren, verz<u>ie</u>rt, die Z<u>ie</u>rde*.

3 In dem Kettenkarussell sind Wörter verborgen.

a Setze die Wörter zusammen und schreibe sie in die Randspalte.

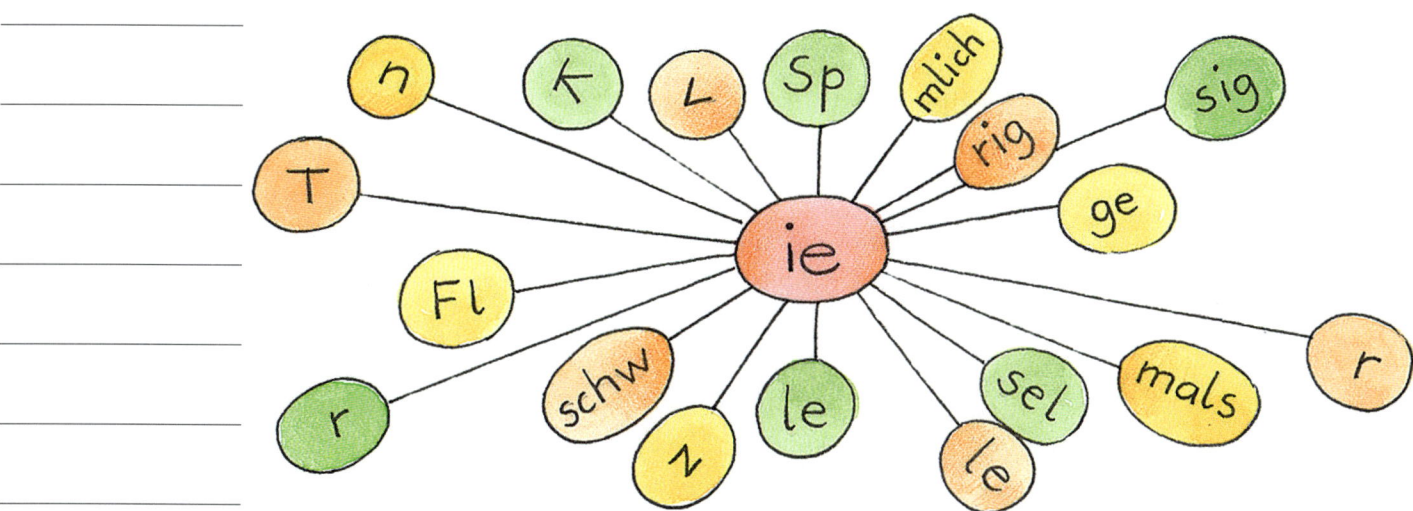

b Ordne die Wörter aus der Wortliste den *i*-Schreibungen zu.

i: _____

ih: _____

ieh: _____

c Bilde von folgenden Infinitiven das Präteritum (Vergangenheit).

verraten – *er verriet*___   schweigen – _____

laufen – _____   fallen – _____

schlafen – _____   reiben – _____

Typische Buchstabenverbindungen

> **!** Im Deutschen gibt es **typische Buchstabenverbindungen**, z.B.:
> qu, chs, pf, st, sp, tz, ck, wie in _Qualle_, _Dachs_, _Topf_, _Stahl_, _Spatz_, _Klotz_, _Fleck_.

1 Hier kannst du Schlagzeilen aus der Zeitung lesen.

a Unterstreiche typische Buchstabenverbindungen.

Tausende Kröten überqueren die Fahrbahn

Sturm fegte über Deutschland hinweg

Schwerer Verkehrsunfall: Hinterachse bei LKW gebrochen

Sportler auf Olympia vorbereitet

Trotz Verletzung konnte sich 11-Jähriger ans Ufer retten

Forscher entdecken versunkene Stadt

Riesige Hüpfburg bei Kinderfest

Blitz schlug in Einfamilienhaus ein

b Suche dir drei Wörter mit typischen Buchstabenverbindungen heraus
und schreibe möglichst viele stammverwandte Wörter auf. Kreise
die Buchstabenverbindungen ein.

_____

_____

_____

_____

_____

_____

_____

_____

2 Setze die Wörter richtig zusammen und schreibe sie auf.
Achte auf die Groß- und Kleinschreibung.

TIPP
Nach *l, n, r,*
das merke ja,
steht nie *tz*
und nie *ck*.

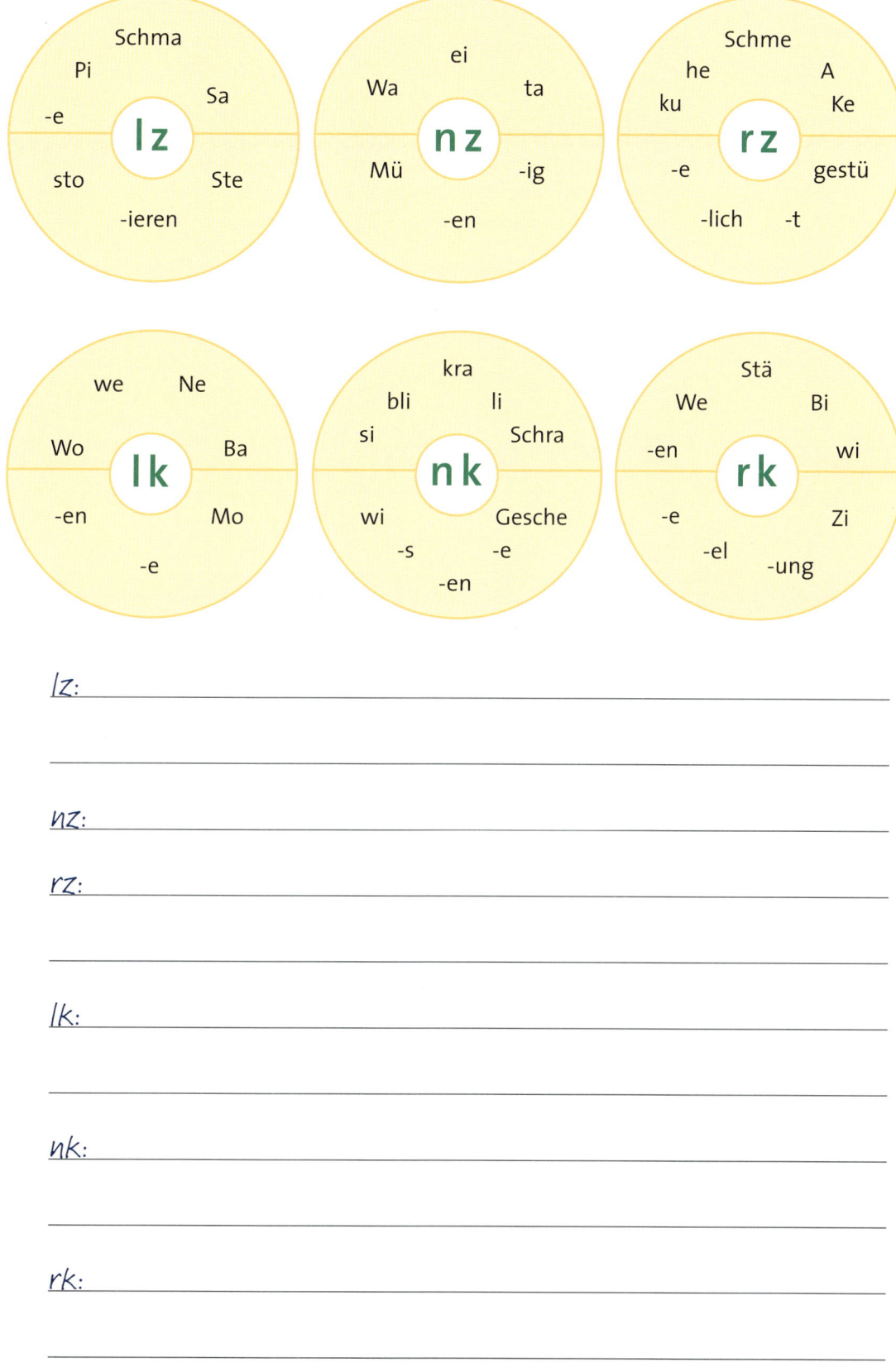

lz: _____

_____

nz: _____

rz: _____

_____

lk: _____

_____

nk: _____

_____

rk: _____

_____

3 Schreibe zehn Wörter aus den vorigen Übungen in eine Wörterliste. Denke
dir zu den Wörtern eine Geschichte aus und schreibe sie in dein Heft.

Wörter mit *s, ss, ß* im Wortstamm

> **!**
>
> Wenn der *s*-Laut **stimmhaft** (summend) gesprochen wird, schreibt man immer *s*.
> Bei einsilbigen Wörtern hilft die Verlängerungsprobe, z.B.:
> *Hase, Reise, leise; Laus – Läuse, Haus – Häuser.*
>
> Das **stimmlose** (zischende) *s* schreibt man nach:
> * kurzem betontem Vokal meistens *ss*, z.B.: *Kuss, Fass, lassen*;
> * nach langem betontem Vokal oder Zwielaut (*au, ei, eu, äu, ai*) immer *ß*,
>   z.B.: *Gruß, Fuß, bloß, draußen, Strauß, Meißel.*
>
> Die **Verlängerungsprobe** und die **Verwandtschaftsprobe** helfen dir
> bei der Unterscheidung von *s* und *ß*, z.B.:
> *Fu■ – die Füße → der Fuß; Lo■ – die Lose → das Los.*

TIPP
Wende die Verlängerungs- oder Verwandtschaftsprobe an.

1 Ergänze folgende Tabelle.

Singular	Plural	Verkleinerung
Hase	_____	_____
_____	_____	Gläschen
_____	Häuser	_____
_____	Nasen	_____
Hose	_____	_____
_____	_____	Mäuschen
Dose	_____	_____

2 Setze die Wörter richtig zusammen.

binder   Fuß   Gruß   brei   Fleisch   strauß   Grieß

gelenk   Soßen   Blumen   karte   Maß   spieß   kanne

Gieß   band

_____

_____

_____

3 Fülle die Lücken in den folgenden Sätzen.

1 Die Elbe flie__t durch Dresden und Magdeburg.

2 Die Fenster müssen au__en gestrichen werden.

3 Der Schornsteinfeger ist voller Ru__ .

4 Fu__ball ist meine gro__e Leidenschaft.

5 Blo__ keine Fehler bei der Schreibung machen!

4 Bilde die Leitformen/Stammformen folgender Verben.

reißen	*riss*	*gerissen*
lesen		
beweisen		
schließen		
stoßen		
lösen		

5 s, ss oder ß? Entscheide dich für die richtige Schreibweise.

ein bi___iger Hund – die Haustür abschlie___en – drau___en spielen –

rei___ende Flü___e – na___e Fü___e bekommen – die Hausaufgaben

verge__en – ein scheu___liches Gewitter – in der hei___en Sonne liegen –

sich auf die Pau___e freuen – eine Knobelaufgabe lö___en

6 Löse das folgende Rätsel. Die markierten Felder ergeben ein Lösungswort.

1 ein Dokument, das jeder mit 16 Jahren bekommt

2 ein Säugetier, das in der afrikanischen Wüste lebt

3 das Gegenteil von *laut*

4 Honig schmeckt ...

5 eine kleine Straße

6 viele Blumen zusammen ergeben einen ...

7 ein rundes Spielgerät aus Leder

8 etwas, das man für sich behalten muss

9 die Elbe ist ein ...

10 in den Ferien wegfahren

11 das Gegenteil von *drinnen*

Worttrennung

> **!**
>
> Willst du Wörter richtig trennen, musst du **Sprechsilben** erkennen, z. B.:
> *ver-lie-ren, fra-gen, Ge-heim-nis.*
>
> Folgende **Trennungsregeln** helfen dir:
> 1. Steht an der Silbengrenze nur ein Konsonant (Mitlaut), kommt er auf die neue Zeile, z. B.: *tra-gen.*
> 2. Stehen zwei oder mehrere Konsonanten an der Silbengrenze, kommt nur der letzte auf die neue Zeile, z. B.: *len-ken.*
> 3. Buchstabenverbindungen wie *ck, ch, sch, th, ph* darfst du nicht trennen, z. B.: *We-cker.*
> 4. In Zusammensetzungen und Wörtern mit Präfix (Vorsilbe) trennt man nach Wortbauteilen, z. B.: *Fall-obst, Be-trug.*

1

a Kennzeichne in den folgenden Wörtern alle Trennungsmöglichkeiten.

tra|gen (*1*) – Z u c k e r (____) – l e n k e n (____) – S a c h e n (____) – n e n n e n
(____) – A u s r u t s c h e r (____) – v e r l a d e n (____) – ü b e r w e i s e n (____)

b Schreibe die Nummer(n) der passenden Trennungsregel(n) aus dem Merksatz in die Klammern.

2 In einer Zeitschrift steht folgender Text. Schreibe die falsch getrennten Wörter heraus und kennzeichne alle Trennungsmöglichkeiten.

Haben Spinnen Ohren?

Spinnen gehören zu den Spinne-
ntiere und haben immer acht Beine,
das weiß jeder. Dass sie Augen haben, würde auch jeder sofort bejah-
5 en – wie aber ist es mit Ohren? Na?
Da wird es schon schwieriger. Können Spinnen hören? Nein! Spinn-
en haben keine Ohren. Dafür haben
sie ganz viele kleine Sineshärc-
10 hen, mit denen sie geringste Er-

schütterungen und Luftschwingun-
gen wahrnehmen können. Wenn
sich in ihrer Nähe etwas bewegt –
zum Beispiel ein Insekt – nehmen
sie das über die Sinneshärchen wahr 15
und können blitzschnell darauf re-
agieren. Sie laufen weg oder greif-
en an. Spinnen hören ihre Opfer oder Feinde also nicht, sie fühlen
sie. Tolle Spinnerei! 20

Achtung, Fehler!

Groß- und Kleinschreibung

> **!** Mit der **Artikelprobe** kannst du feststellen, ob du ein Wort groß- oder klein-
> schreiben musst. Steht bei dem Wort ein Artikel oder lässt es sich mit einem
> Artikel verwenden, handelt es sich um ein Nomen und wird großgeschrieben,
> z.B.: *Alle Kinder treiben Sport.* ← *die Kinder, der Sport*

1

a Lies den folgenden Text aufmerksam durch. Unterstreiche alle Nomen.

Der erste Cowboyhut

Die Hirten Mexikos brachten den Sombrero in die USA. Sein Name
leitet sich vom spanischen Wort „sombra" ab – zu Deutsch: Schat-
ten. Denn mit seiner außerordentlich breiten Krempe ist dieser
Hut aus Stroh oder Filz genau das: ein echter Schattenspender.
5 Der Sombrero schützt zwar vor Sonne und Regen, doch er wärmt
nicht. Deshalb entwickelte der amerikanische Hutmacher John B.
Stetson im Jahr 1865 den Sombrero weiter. Der heute berühmte
Cowboyhut bestand aus Biberhaar und war sogar wasserabweisend.

b Suche zehn Nomen heraus und schreibe sie mit ihrem Artikel auf.

_____

_____

_____

_____

●●● **2** Schreibe die Sprichwörter in der richtigen Groß- und Kleinschreibung auf.

vieleköcheverderbendenbrei._____

derapfelfälltnichtweitvomstamm._____

_____

lügenhabenkurzebeine._____

allergutendingesinddrei._____

Schreibung der Anredepronomen

! Pronomen werden **kleingeschrieben**.
In Briefen oder E-Mails aber werden die **höflichen Anredepronomen** *Sie* und *Ihr*
und alle ihre Formen **immer großgeschrieben**, z.B.:
Ich danke Ihnen für Ihre Hilfe. Bitte antworten Sie mir bald.
Persönliche Anredepronomen kannst du klein- oder großschreiben, z.B.:
du/Du, dein/Dein, ihr/Ihr, euer/Euer.

1 Du hast eine tolle Idee für deine nächste Geburtstagsparty:
Du möchtest im Zoo feiern.

a Du willst dich erkundigen, ob das möglich ist.
Ergänze die Mail an den Zoo mit den richtigen Anredepronomen.

An:	parkzoo.info@web.de
Betreff:	Kindergeburtstag im Zoo

Sehr geehrte Damen und Herren,

ich möchte _____ fragen, ob ich meinen Geburtstag bei _____

im Zoo feiern kann. _____ haben bestimmt viel zu tun, aber vielleicht

können _____ mir trotzdem kurz antworten. Wir würden so gern

bei der Fütterung der Tiere helfen. Ist das bei _____ möglich?

Über eine schnelle Antwort von _____ würde ich mich sehr freuen.

Vielen Dank für _____ Bemühungen!

Mit freundlichen Grüßen

b Nun müssen die Einladungen für deine Freunde geschrieben werden.

Liebe/r _____,

ich lade _____ und _____ Bruder zu meiner Geburtstagsfeier

herzlich ein. Habt _____ Zeit? Wir wollen in den Zoo gehen.

Hast _____ dort schon einmal die Tiere gefüttert? Das wird _____

bestimmt gefallen. Sage mir bitte Bescheid, ob _____ kommen könnt.

Es freut sich auf _____

_____

Teste dich selbst!

Der folgende Test hilft dir herauszufinden, was du schon sicher kannst und was du noch üben musst. Folgende Bereiche kannst du überprüfen:

A Verstehen von Texten (Aufgabe 1–4)	ca. 20 min.	/ 17 P.
B Grammatik (Aufgabe 5–10)	ca. 15 min.	/ 61 P.
C Rechtschreibung (Aufgabe 11–14)	ca. 10 min.	/ 56 P.
D Schreiben von Texten (Aufgabe 15)	ca. 90 min.	/ P.
Insgesamt:	ca. 135 min.	/ P.

Den Bewertungsmaßstab für Teil D müsst ihr in der Klasse festlegen.
Bevor du mit der Bearbeitung der Aufgaben beginnst, lies die Aufgaben-stellungen genau. Trage in die Kästchen deine erreichte Punktzahl ein.

Unter den Säugetieren gibt es eine einzige heimische Gruppe, die fliegen kann: Es sind die Fledermäuse. [...]

Ähnlich wie bei Vögeln sind die Vorderbeine zu Flügeln umgebildet. Statt Federn besitzen Fledermäuse jedoch eine elastische Flughaut, die dem Flügel zu
5 einer guten Trag- und Gleitkonstruktion verhilft. Damit die Flughaut flug-fähig bleibt, ist es für die Tiere lebensnotwendig, diese täglich einzufetten. Das notwendige Fett kommt als ölige Flüssigkeit aus Drüsen, die zwischen den beiden Augen und der Nase liegen.

Unsere heimischen Fledermäuse sind recht kleine Arten. Die größte Art, der
10 Abendsegler, hat eine Flügelspannweite von nur 40 cm und wiegt dabei nicht mehr als 50 g. Die kleinste Art, die Zwergfledermaus, hat eine Flügelspann-weite von nur 20 cm und wiegt allerhöchstens 8 g. Fledermäuse sind Flug-künstler, die lange Strecken mit bis zu 70 km/h zurücklegen können (z. B. die Langflügelfledermaus). [...]
15 Als Säugetiere bringen weibliche Fledermäuse lebendige Junge zur Welt. Sie werden im späten Frühjahr geboren und mit Milch gesäugt. Sofort nach der Geburt krallen sie sich im Fell der Mutter fest, die sie auf jeden ihrer Jagd-flüge mitnimmt. Ihre ersten Flugversuche unternehmen die Jungtiere nach etwa 6 Wochen.

20 Nur in völliger Dunkelheit können Fledermäuse jagen. Dabei verlassen sie sich ganz auf ihr Gehör. Ununterbrochen stoßen sie während des Fluges durch Mund oder Nase Rufe aus. Das Echo dieser Rufe fangen sie mit dem Gehör ein. In Bruchteilen von Sekunden erkennen sie auf diese Weise, ob es sich um ein Hindernis oder ein Beutetier handelt. [...]

25 Als Insektenjäger sind Fledermäuse hauptsächlich auf Käfer und Nachtfalter aus. Mit ihren spitzen Zähnen erbeuten sie die kleinen Tiere im Flug. [...]

A Textverständnis

1 P

1 Über welches Thema informiert der Text? Formuliere eine Überschrift, die auf das Thema hinweist, und schreibe sie über den Text.

6 P

2 Notiere dir Schlüsselwörter zu folgenden Fragen.

1 Warum gehören Fledermäuse zu den Säugetieren?

_____

_____

2 Was haben sie mit Vögeln gemeinsam?

_____

_____

3 Wie und was jagen Fledermäuse?

_____

3 P

3 Finde und markiere mithilfe deiner Schlüsselwörter die Textstellen, die dir bei der Beantwortung der Fragen aus Aufgabe 2 helfen.

7 P

4 Beantworte nun die Fragen aus Aufgabe 2 in kurzen Sätzen.

_____

_____

_____

_____

_____

_____

_____

_____

B Grammatik

11 P

5 Setze die fehlenden Singular- oder Pluralformen der Nomen/Substantive mit dem richtigen Artikel ein.

Singular	Plural
das _____	die Säugetiere
_____	_____ Fledermäuse
_____ Flug	_____
_____	_____ Zähne
die Flughaut	die _____

14 P

6 Bilde die Leitformen der Verben und trage die fehlenden Formen in die Tabelle ein.

Infinitiv	3. Person Singular Präteritum	Partizip II
geben	_____	_____
_____	flog	_____
_____	_____	geblieben
bringen	_____	_____
_____	_____	gekrallt
nehmen	_____	_____
_____	fing	_____

15 P

7 Ordne die folgenden Wörter in der richtigen Schreibung in die Tabelle ein.

FLIEGEN – FLUGFÄHIG – AUGE – DIE – ART – MILCH – DER – FANGEN – SPITZ – DAS – WIEGEN – ELASTISCH – SÄUGEN – FLÜSSIGKEIT – KLEIN

Nomen	Verben	Adjektive	Artikel
_____	_____	_____	_____
_____	_____	_____	_____
_____	_____	_____	_____
_____	_____	_____	_____

7 P

8 Schreibe in die Klammern, welche Satzglieder unterstrichen sind: Subjekt (S), Prädikat (P), Dativobjekt (DO), Akkusativobjekt (AO), Adverbialbestimmung der Zeit (ABZ) oder Adverbialbestimmung des Ortes (ABO).

1 <u>Viele Menschen</u> haben Angst vor Fledermäusen. (_____)

2 Die Tiere lieben <u>die Dunkelheit</u>. (_____)

3 Sie leben <u>in Kellern, Höhlen oder alten Gebäuden</u>. (_____)

4 <u>In der Nacht</u> sind sie besonders aktiv. (_____)

5 Wenn sie durch den Menschen gestört werden, <u>flattern</u> sie aufgeregt durch ihre Behausung. (_____)

6 Dann kann es schon mal passieren, dass sie sich mit ihren Krallen <u>in den Haaren</u> eines Besuchers verfangen. (_____)

7 <u>Der Schreck</u> ist dann auf beiden Seiten gleichermaßen groß. (_____)

10 P

9 Schreibe die folgenden Nomen und Wortgruppen im richtigen Fall (Kasus) in die Lücken. Bestimme den Fall und schreibe ihn in die Klammern dahinter.

das Leben der Fledermäuse – viele Fragen – die Wissenschaftler – Vögel und Säugetiere – Fledermäuse

1 Über _____ (_____) weiß man

heute schon eine Menge. **2** Trotzdem bleiben noch _____

(_____) offen. **3** _____ (_____)

interessiert besonders, welcher Entwicklungszusammenhang zwischen

4 _____ (_____) besteht.

5 Wenn du einmal _____ (_____) beobachten

willst, wende dich an einen Naturschützer.

4 P

10 Setze die fehlenden Kommas.

1 Fledermäuse gehören zu den Säugetieren da sie lebendige Junge zur Welt bringen und diese säugen.
2 In Europa leben nur 16 Familienarten von Fledermäusen obwohl es auf der Erde über 1000 Arten gibt.
3 Man unterscheidet Großfledermäuse Kleinfledermäuse und Flughunde.
4 Am bekanntesten sind bei uns die Ohrenfledermäuse die Hufeisennasenfledermäuse und Glattnasenfledermäuse.

C Rechtschreibung

10 P

11 Suche alle Wörter im Text mit dem Wortstamm _flug_.

_____

_____

_____

_____

_____

7 P

12 Ergänze die fehlenden Doppelkonsonanten.

die Haut einfe____en – viel über Fledermäuse wi____en – ein Hindernis

erke____en – sich auf das Gehör verla____en – tre____sicher den Weg finden –

viele Fledermausarten ke____en – nur wenige Gra____ wiegen

15 P

13 Ergänze zu jedem Wort drei stammverwandte Wörter.
Achte bei der Schreibung auf unterschiedliche Wortarten.

Flüssigkeit: _____

Nase: _____

verlassen: _____

stoßen: _____

Weise: _____

24 P

14 Schreibe folgende Sätze in richtiger Groß- und Kleinschreibung auf. Setze zuerst Trennungsstriche, um die Wörter abzugrenzen. (Für jedes richtig geschriebene Wort gibt es einen halben Punkt.)

Ähnlichwiebeidenvögelnsinddievorderbeinezuflügelnumgebildet.stattfedernbesitzenfledermäusejedocheineelastischeflughaut.damitsieflugfähigbleibt,istesfürdietierelebensnotwendig,diesetäglicheinzufetten.dasnotwendigefettkommtausdendrüsen,diezwischendenbeidenaugenunddernaseliegen.

_____

_____

_____

_____

_____

_____

D Texte schreiben

P

15 Erfinde zu der Bildfolge eine Geschichte und schreibe sie in dein Heft. Gehe dabei so vor:
- Sammle zuerst Ideen und notiere sie in Stichpunkten.
- Schreibe danach einen Entwurf deiner Geschichte.
- Überarbeite deinen Entwurf und schreibe die Endfassung. Denke auch an eine passende Überschrift.